質問紙デザインの技法

[第2版]

鈴木淳子 著 Atsuko Suzuki

Questionnaire Design

ナカニシヤ出版

第 2 版へのまえがき

　本書は，質問紙法による調査実施までのプロセスおよび質問紙デザインの技法の体系的かつ実践的紹介を目的として執筆したものです。2011 年 9 月の初版第 1 刷発行以来，予想を上回る多くの方々に手に取っていただくことができました。著者としてこれほど嬉しいことはございません。

　近年の急速な IT の高度化とサービスの向上，さらに社会のさまざまな場面における倫理的配慮への要望の高まりにはめざましいものがあります。このような調査環境の大きな変化が調査実施や質問紙デザインに与える影響について新たに検討を加える必要性を感じ，初版刊行からほぼ 5 年が経過したこの機会に第 2 版を作成することにしました。

　第 2 版の執筆姿勢に初版との違いはなく，章立てなどの基本的な構成にも変更はありませんが，本書の内容をより充実したものにすることに加え，大学院生や若手研究者の方々にも質問紙調査を身近に感じて本書を活用していただけることをめざして執筆しました。

　今回の大幅な加筆によって，質問紙調査や質問紙デザインに関心をもつ方々や実際に取り組んでいる方々のお役に立てる可能性が少しでも広がり，その楽しさとおもしろさと怖さがより具体的に伝わることを願ってやみません。

　最後になりましたが，第 2 版の作成にあたって，ナカニシヤ出版の宍倉由高さんに初版同様の温かいご配慮と励ましとアドバイスをいただいたことに深く感謝申し上げます。また，めんどうな校正作業を忍耐強く担当してくださった編集部のみなさまにも心から御礼申し上げます。

2016 年 6 月
鈴木淳子

まえがき

　本書は質問紙法に関する体系的かつ実践的な入門書です。質問紙法による調査実施までの計画と準備のプロセスおよび質問紙デザインの技法に焦点をしぼって紹介しています。技法のみではなく，回答者に配慮すべき倫理的ガイドラインも重視し，詳細に説明しました。社会科学分野の質問紙法による調査に限定せず，どのような専門分野のどのような調査にも，質問紙作成を必要とする限りは参考にしていただけることをめざして執筆しました。

　読者としては，研究や仕事で質問紙を作成する方だけでなく，リサーチ・リテラシーの基礎の習得や質問を通したコミュニケーションのスキル・アップを求める方なども想定しています。

　質問紙法による調査の第1の特徴は，調査者と回答者が直接対面せず，質問紙に記述されたことばや記号や数字のみを通して行う双方向なバーバル・コミュニケーションであることです。原則としてノンバーバル情報は用いないため，調査者は書かれたことばだけで「勝負」せざるをえません。

　第2の特徴は，多数の回答者に同一条件で，しかも自記式で答えてもらうための汎用性が求められることです。そのためには，会ったこともない多数の回答者に，意図したとおり正確に質問の内容を解釈・理解してもらわなければなりません。たずねたいことを頭のなかできちんと整理し，ことばで正確に表現し，すべての回答者に同じように解釈・理解してもらうことは実はたいへんむずかしいことです。

　第3の特徴は，良質なデータを集めるために，回答者によい印象を与えて調査への信頼度や協力意欲を高め，事実に即した正確な回答を返してもらえるよう説得力を備える必要があることです。

　この3つの特徴をみれば，質問紙法による調査はそれほど容易には実施できないことをご理解いただけると思います。また，「質問紙作成は，日本語がわかる人ならだれでも簡単にできる単純作業」という考えは大きな誤解であることもおわかりいただけるでしょう。単に自分のたずねたい質問を並べるだけでも

質問紙の体裁はとれますが，それは質問紙ではなく質問の単なる寄せ集めにしかすぎません。質問紙にはデザインが必要です。

　質問紙は創意工夫の固まりです。調査者が興味をもつテーマに関する知識と思考を質問の内容に反映させ，質問順序やレイアウトなどについて試行錯誤を重ね，時間とエネルギーを注げば，質問紙はそれに見合った質の良いものにどんどん変化していきます。しかし，質問紙は創意工夫だけでは未完成です。その上に回答者の心理や立場をさまざまに想像しながら倫理的配慮を重ね，やっと完成に至るのです。最初に作成した質問紙の試案と完成版を比較すれば工夫と配慮の成果がはっきりわかります。完成版では試案の原型がほぼ消えていることでしょう。これは，質問紙デザインの技法を身につけたということを自分で客観的に確かめることのできる，非常に嬉しい経験になります。

　質問紙はまた個性的でもあります。同じテーマ・目的で同じ対象者を想定して同じ文献を読んで同じ予算で質問紙を作成しても，作成者が異なればまったく異なったものができあがります。質問内容，質問のしかた，ワーディング，質問順序，体裁やレイアウトなどが作成者の個性を反映し，それぞれ異なるからです。質問紙は作成する人の興味，パーソナリティ，知識，想像力，価値観，思考スタイルを映し出す鏡であり，そこにおもしろさと怖さがあります。

　本書は第1部と第2部から構成されています。

　第1部「質問紙法の調査デザイン」では，質問紙法による調査実施までのデザインの概要を紹介しました。まずイントロダクションとして質問紙・質問紙法とはなにかを説明し，調査における質問紙デザインの重要性を確認し，本書の目的と構成を明らかにします（第1章）。調査者が質問紙法について理解しているべき特徴，利点，課題について整理し，調査の基本姿勢として回答者への配慮について説明します（第2章）。続いて調査プロセス（第3章），データ収集の技法（第4章），サンプリングの技法（第5章），調査実施に向けての準備（第6章）を取り上げ，最後に全プロセスにかかわる倫理的ガイドラインを総括的にまとめます（第7章）。

　第2部「質問紙デザイン」では，調査デザインのなかでも質問紙デザインに的をしぼって詳細に説明しました。質問紙デザインの各プロセスごとに独立した章を立て，それぞれの技法とガイドラインを解説していますが，実際に質問

紙を作成する場合には，これらを総合的に検討することになります。具体的には，まず質問紙の完成に至るまでの作成の全プロセスを示し，質問紙デザイン上もっとも重要な基本的作業とガイドラインを紹介します（第 8 章）。その後に，質問紙の構成と体裁（第 9 章），質問の種類と順序（第 10 章），質問作成（第 11 章），ワーディング（第 12 章），選択回答法（第 13 章），自由回答法（第 14 章），予備調査（第 15 章）について技法とガイドラインをまとめています。

なお，質問紙を用いた調査では，質的データより量的データを求めることのほうが多いため，本書も量的データを収集するための質問紙デザインについての説明が中心になりますが，質的データの収集にも役立つように執筆しました。また，インターネット調査法は「紙と鉛筆」による従来の調査法とは技術面で異なりますが，質問紙デザインの技法に関しては根本的な違いはないと考え，本書でも随所で取り上げました。

質問紙デザインは，配慮と工夫と経験によって上達する技法です。「正解」はありませんが，繊細な配慮と工夫を重ねれば，また経験を積んでいけば，必ずより良い質問紙が作成できます。本書が技法の解説にとどまらず，質問紙デザインには創造することの楽しさとおもしろさと怖さが備わっていることを読者に伝えられれば，執筆者として望外の幸せです。先に出版されている拙著「調査的面接の技法」と合わせてお読みいただき，サーベイ調査法全般についての理解を深めてくださることを願っております。

最後になりましたが，ナカニシヤ出版の宍倉由高さんと慶応義塾大学名誉教授の三井宏隆先生には，公私にわたってさまざまなご配慮と温かい励ましをいただきました。東日本大震災の経験も含め，執筆中には心身ともに大きな試練を迎えた時期もあり，脱稿が予定より大幅に遅れましたが，おかげさまで最後まで執筆することができました。宍倉さんには本書の校正でもご無理なお願いを重ね，たいへんお世話になりました。おふたりに心から感謝申し上げます。

2011 年 8 月

鈴木淳子

目　　次

第 2 版へのまえがき　*i*
まえがき　*ii*

1　イントロダクション——————————————————*1*

1-1　質問紙とは　*1*
1-2　質問紙法とは　*1*
1-3　質問紙法による調査の現状　*2*
1-4　invisible な質問紙の存在　*3*
1-5　質問紙の重要性　*4*
1-6　本書の目的　*4*
1-7　本書の構成　*6*

第 1 部　質問紙法の調査デザイン

2　質問紙法の基礎——————————————————*11*

2-1　質問紙法の特徴　*11*
2-2　質問紙法の利点　*12*
2-3　質問紙法の課題　*15*
2-4　回答者への基本的配慮　*19*

3　質問紙法の調査プロセス—————————————*25*

3-1　調査プロセスの概略　*25*
3-2　調査テーマの発見　*26*
3-3　文献調査　*27*
3-4　調査デザイン 1：調査テーマ・目的・タイトル・仮説の決定　*30*
3-5　調査デザイン 2：スケジュール・予算の決定　*32*
3-6　調査デザイン 3：調査対象者・データ収集法・サンプリング法の決定

　　　　　　　　　　34

　3-7　調査デザイン4：データの編集・集計・分析デザインの検討　*36*
　3-8　調査デザイン5：質問紙ドラフトの作成・予備調査・質問紙の完成
　　　　　　37
　3-9　調査デザイン6：調査実施に向けての準備　*37*
　3-10　調査デザイン7：倫理的問題の有無の検討　*37*
　3-11　本調査実施　*37*
　3-12　本調査実施後の調査プロセス　*38*

4　データ収集の技法　　　　　　　　　　　　　　　　39

　4-1　集合調査法　*39*
　4-2　郵送調査法　*41*
　4-3　留め置き調査法　*43*
　4-4　インターネット調査法　*45*
　4-5　電話調査法　*51*
　4-6　構造化面接法　*54*
　4-7　混合型調査法　*57*

5　サンプリングの技法　　　　　　　　　　　　　　　59

　5-1　調査対象者の選定　*59*
　5-2　サンプリング　*60*
　5-3　確率標本抽出法　*61*
　5-4　非確率標本抽出法　*64*
　5-5　今後のサンプリングのありかた　*67*

6　調査実施に向けての準備　　　　　　　　　　　　　69

　6-1　挨拶状・推薦状　*69*
　6-2　第三者へのデータ収集依頼　*71*
　6-3　ブリーフィング・ディブリーフィング　*72*
　6-4　宛名ラベル・返信用封筒　*73*

6-5　フォローアップ・コンタクト　*74*
　　6-6　謝礼の方法　*75*
　　6-7　問い合わせ・苦情などへの対応　*77*

7　倫理的ガイドライン―――――――――――――――――――*81*

　　7-1　倫理的配慮の必要性　*81*
　　7-2　インフォームド・コンセント　*82*
　　7-3　匿名性の保障とプライバシー・個人情報・人権の保護　*86*
　　7-4　回答者の権利　*91*
　　7-5　既存尺度の使用　*92*
　　7-6　倫理的ガイドラインをめぐる今後の動向　*98*

第2部　質問紙デザイン

8　質問紙デザインの基礎―――――――――――――――――*103*

　　8-1　質問紙デザインの重要性　*103*
　　8-2　質問紙デザインのプロセス　*104*
　　8-3　質問紙デザインの基本的作業　*109*
　　8-4　質問紙デザインのガイドライン　*111*

9　質問紙の構成と体裁――――――――――――――――――*117*

　　9-1　質問紙の構成　*117*
　　9-2　質問紙の表紙　*118*
　　9-3　表紙に記載する注意事項　*124*
　　9-4　最終項目群　*126*
　　9-5　質問紙の体裁　*129*
　　9-6　質問紙の書式　*130*
　　9-7　質問紙のレイアウト　*132*

10　質問の種類と順序 —————————————— 139

10-1　質問の種類　　*139*

10-2　デモグラフィック項目　　*142*

10-3　注意が必要なデモグラフィック項目　　*144*

10-4　質問順序　　*149*

10-5　質問順序デザインのガイドライン　　*151*

11　質問作成 —————————————————— 155

11-1　誘導質問　　*155*

11-2　虚偽回答・タテマエの回答を招きやすい質問　　*157*

11-3　ダブル・バーレル質問　　*160*

11-4　反応バイアスを発生させやすい質問　　*161*

11-5　回答者が答えにくい質問　　*164*

11-6　否定の入った質問　　*166*

11-7　質問作成と教示のガイドライン　　*166*

12　ワーディング ——————————————— 171

12-1　ワーディングの微妙な影響　　*171*

12-2　明確なワーディングのための5つの条件　　*171*

12-3　ワーディング推敲のガイドライン　　*172*

13　選択回答法 ———————————————— 181

13-1　回答記入法　　*181*

13-2　選択回答法　　*182*

13-3　利点と課題　　*183*

13-4　回答形式　　*184*

13-5　回答選択肢作成のガイドライン　　*199*

14　自由回答法 ———————————————— *207*

　14-1　自由回答法　*207*

　14-2　利点と課題　*208*

　14-3　回答形式　*210*

　14-4　自由回答法による質問作成のガイドライン　*212*

15　予備調査 ———————————————— *215*

　15-1　予備調査の目的　*215*

　15-2　予備調査の概要　*217*

　15-3　チェック内容　*218*

　15-4　質問紙の完成　*223*

　引用文献　*229*

　事項索引　*234*

　人名索引　*238*

1 イントロダクション

　質問紙法は，今日もっとも広範囲かつ頻繁に用いられている調査法である。本章では，質問紙法の概要と調査の現状を紹介し，本書の目的と構成を明らかにする。

▌1-1　質問紙とは

　一連の質問と回答欄が整然と体系的に並べられた用紙を調査票（questionnaire）という。調査票のなかでも，調査対象者が自分で質問を読んで回答を記入する自記式のものが質問紙（self-administered questionnaire, self-completion questionnaire）である。

　質問紙は通常冊子になっており，(1) 表紙（調査タイトル，調査内容の説明，調査協力の依頼，調査主体の紹介・連絡先など），(2) 質問本体，(3) デモグラフィック項目群（年齢，職業など），(4) その他（調査に対する意見の記述依頼，謝辞などの最終項目群）の4つの部分から構成される。

▌1-2　質問紙法とは

　質問紙法（questionnaire survey, questionnaire method）は，質問を用いてデータ収集を行うサーベイ調査法（survey research）の一種である。質問紙あるいはWebページ画面などに示された一連の質問への自記式の回答をデータとして収集する。記述された言語を媒介とし，原則として音声や画像などのノンバーバル情報は用いられない。調査対象は，複数の個人あるいは集団や組織である。質問紙に回答してもらった調査対象者を回答者（participant, respondent）あるいは調査協力者と呼ぶ。

質問紙法の第1の目的は，論理的かつ実証的に予測される結果を反映した的確な質問を作成し，調査結果の評価や判断の根拠となる正確なデータを集めることである。第2の目的は，収集したデータを分析することによって集団の全体的傾向を客観的に明らかにし，事実の解明や問題解決や将来の予測をめざすことである。

　質問紙法は，データ収集法，データの種類，媒体，規模などを異にするさまざまなタイプの調査で活用できる応用範囲の広い調査法である。たとえば，郵送調査法（mail survey）と留め置き調査法（placement method），質的調査（qualitative research）と量的調査（quantitative research），紙と鉛筆による調査（paper-and-pencil survey）とインターネットによる調査（internet survey），尺度を用いて個人の行動や意識を測定する比較的小規模な心理学の調査（psychological survey）と多数を対象にした大規模な社会調査（social survey）などで利用されている。

1-3　質問紙法による調査の現状

　質問紙法による調査は，多様な分野で多様な目的のために頻繁に実施されている。学術調査（academic research）では，心理学，社会学，行動科学，経営学，政治学，教育学，社会福祉学などの社会科学系の専門分野だけでなく，医療学，看護学，言語学などにおいてもよく用いられる。マスメディアや専門調査機関による視聴率調査，選挙の出口調査，世論調査，国民性調査でも多用されている。さらに政府・官公庁・地方自治体も，国勢調査，福祉調査，意識調査，生活調査，住民調査など質問紙法を用いた調査を多方面で行っている。企業および企業に委託された調査会社によるさまざまなマーケティング・リサーチも非常にさかんである。この他，大学生・大学院生が卒業論文，修士論文，博士論文のために行っている調査も加えれば，質問紙法による調査はまさに数えきれないほど実施されている。このような状況のもと，質問紙を用いた代表的な調査法である社会調査については，2004年から社会調査士（学部卒業レベル）・専門社会調査士（大学院修士課程修了レベル）の資格認定が行われている。

質問紙法による調査が多方面で多数行われている理由としては，質問紙法の応用範囲の広さとさまざまな利点（第2章参照）に加えて，集計・分析のソフト・プログラムの充実が挙げられよう。インターネット調査法に見られるように，近年のICT（Information and Communication Technology）によるサービスの飛躍的な発達によって，質問紙法による大規模な調査が地理的な制約なしにスピーディーで簡単かつ低コストで行えるようになったことも大きな要因である。

1-4　invisible な質問紙の存在

　質問紙法による調査が多方面で行われているにもかかわらず，質問紙自体の役割は過小評価されている。少なくとも調査する側には質問紙の存在の重要性は"見えない"，すなわち"invisible"である。学術調査と実務調査とを問わず，何をどのようにたずねるかということの重要性が十分に認識されないまま，質問さえすれば求めるデータは簡単に得られるという誤解に基づき，入念な準備なく安易に作成された質問紙による調査が数多く実施されている。

　調査数の多さを反映し，質問紙法による調査を扱う専門書が数多く出版されているが，ここでは文字どおり質問紙の存在自体が"invisible"である。専門書の大半はデータ収集法，サンプリング，エディティング，データ処理法，解析などに説明の重点を置いている。質問紙をいかにデザインし，どのようなガイドラインに従うべきかについて，具体的な技法を詳細に説明した著書は数えるほどしかない。大学学部・大学院の講義でも，質問紙デザインの技法について時間をかけて体系的に教える講義はほとんどない。

　さらに，学術調査の場合は論文の査読が行われるが，質問紙は査読の直接の対象にならず，ここでも"invisible"な存在である。査読者の目は主に文献研究，サンプリング，調査対象者の属性，分析方法，考察などに向けられている。心理尺度作成を目的とした論文などを除けば，どのような質問が用いられたかはそれほど厳密にチェックされない。学会発表やプレゼンテーションでも，分析結果の図表が評価されるのみで，質問の内容まで詳しく追求されることはない。その結果，不適切な質問によって収集された不正確なデータに基づく誤っ

た結論であっても，それが「事実の発見」として論文，報告書，新聞，雑誌などに掲載され，科学的な研究成果として他の研究者や調査者に引用され，時には事実に反する情報が一人歩きしてしまう。実務調査においても同様で，企業の製品開発や販売方法のめざすべき方向性を誤ることもありうる。

▌1-5　質問紙の重要性

　サーベイ調査法，とくに質問紙法による調査において質問紙は調査の要である。質問紙の質の高低は，調査全体に影響を及ぼす。たとえデータ収集法やサンプリングには問題がなく，高度な統計ソフトで分析しても，質問内容や回答選択肢が調査目的にかなった的確なものでなければ，得られたデータとその分析結果に信頼性や社会的妥当性（小嶋・赤木，1975）はなく，説得力もない。分析結果が何を意味するのか適切に解釈できず，結果の一般化もできない。

　さらに，レイアウトや文字など質問紙自体が回答しやすそうな体裁でかつ実際に回答しやすくなければ，調査対象者の協力は得られない。整然と作成された質問紙を用いれば，回答者がもともと関心をもっているテーマではなくても，積極的な協力を得られて調査がスムーズに実施でき，回収率（response rate）も上がり，事実を反映した正確で質の高いデータを集めやすい。しかし，質問紙に不備があると，回答の間違いや回答者の誤解などによってデータの精度が低くなるうえに，回収率も低下する。回収率の低さはデータの代表性を損ない，調査結果への信頼性を低下させる。さまざまな理由から回収率低下傾向が続く現在の調査環境（第5章参照）では，質問紙の果たす役割の重要性がますます高まっている。

▌1-6　本書の目的

　本書は，質問紙法による調査に用いる質問紙の存在をより"visible"にすることをめざすものである。そこで，質問紙法による調査の全プロセスの前半部分である調査テーマの発見から調査実施段階までに焦点をしぼり，とくに質問紙デザインの技法を中心に執筆した。質問紙回収後のエディティング，コーデ

ィング，データ処理法（統計的推計・検定，多変量解析），プレゼンテーションなどについては多数の解説書がすでに出版されていることから，本書では扱わない。本書は次の3つの目的を主要な柱とする。

1 第1の目的

第1の目的は，研究や仕事で質問紙を用いた調査を行う多様な読者を対象に，次の2点に関する技法に特化して体系的かつ実践的に説明することである。

(1) 調査デザインの技法

質問紙法による調査のテーマ発見から調査実施までの各プロセスにおける計画と準備にかかわる技法の概要を述べる。回答者に配慮すべき倫理的ガイドラインのまとめも含む。

(2) 質問紙デザインの技法

できるだけ正確かつ社会的妥当性のあるデータを集めることをめざし，質問紙作成のための技法とガイドラインについて詳細な説明を行う。

2 第2の目的

第2の目的は，質問紙法におけるリサーチ・リテラシーの基礎の習得である。読者自身が，調査を実施し責任をもつ調査主体として質問紙法による調査をするのではなくても，情報の受け手として，世の中で行われている数多の質問紙法による調査を客観的に評価できるようになるために，質問紙デザインの技法に関する知識を習得していただくことである。正しい知識をもつ人が増えれば，いい加減な調査は通用しなくなり，調査の全般的なレベルが上がることが期待される。

また，専門調査機関に高額な支払いをして質問紙法による調査を発注しても，依頼者側が調査に関する知識をもっていなければ，調査目的にかなった企画かどうか，適切な質問が用いられているかどうかのチェックができない。提供されるデータを鵜呑みにすることになり，調査結果が社会的妥当性をもち信頼に値するものであるかどうかの判断もできない。そのような事態を避けるために

は調査についての知識が必要である。

3　第3の目的

　第3の目的は，調査という狭い範囲にとどまらず，日常のさまざまな場面において正確な情報を求めたい時にはどのような質問をすればよいのか，あるいはしてはいけないのかなど，質問を通したコミュニケーションのスキル・アップに役立つ具体的な情報を第2部を中心に提供することである。

■1-7　本書の構成

　本書は，個人またはプロジェクト（調査員を含む）で調査を行うことを想定して書かれている。2部構成になっており，第1部では質問紙法による調査のデザインにかかわる技法について概略的に説明し，第2部では質問紙デザインの技法およびガイドラインを取り上げて詳細に解説する。

1　第1部　質問紙法の調査デザイン（第2章～第7章）

　質問紙法の調査デザインにかかわる技法について概略的に説明する。

第2章　質問紙法の基礎

　質問紙法による調査の基礎として，特徴，利点，課題を明らかにする。最後に調査デザインおよび質問紙デザインの際に求められる回答者への配慮について紹介する。本書全章にかかわるもっとも基礎的かつ重要な章である。

第3章　調査プロセス

　質問紙法による調査の全プロセスを体系的に紹介することで，質問紙を用いて行う調査の全体像の把握をめざす。

第4章　データ収集の技法

　質問紙を用いる6つのデータ収集法について，その方法，利点，課題をまとめる。混合型調査法の紹介も行う。

第 5 章　サンプリングの技法
　だれを調査対象者として選ぶかについて検討するための情報を提供する。確率標本抽出法と非確率標本抽出法を紹介する。

第 6 章　調査実施に向けての準備
　調査を実施するに際して，質問紙作成以外にしておくべき 7 つの準備を具体的に取り上げて説明する。

第 7 章　倫理的ガイドライン
　質問紙法による調査の全プロセスにおいて配慮すべき倫理的ガイドラインについて体系的かつ詳細にまとめる。既存尺度使用に際しての注意点も記述する。

2　第 2 部　質問紙デザイン（第 8 章〜第 15 章）

　調査デザインのうち質問紙をデザインする際の技法とガイドラインについて実践的に解説する。

第 8 章　質問紙デザインの基礎
　質問紙デザインのプロセス，基本的作業の概括，包括的なガイドラインを紹介する。第 2 部全章にかかわる大切な章である。

第 9 章　質問紙の構成と体裁
　質問紙がどのように構成され，どのような体裁や書式やレイアウトが求められるかを具体的に説明する。

第 10 章　質問の種類と順序
　質問の種類および質問順序のルールを紹介し，質問順序を検討するためのガイドラインを示す。デモグラフィック特性に関する質問をとくに取り上げて注意点をまとめる。

第 11 章　質問作成

避けるべき質問を明らかにしたうえで，質問作成のガイドラインについて述べる。

第 12 章　ワーディング

質問紙にふさわしい明確なワーディングの 5 つの条件を提案し，条件を満たすためにはどのような推敲が必要かについてガイドラインを提供する。

第 13 章　選択回答法

選択回答法の利点と課題の説明および回答形式の実践的な解説を行い，回答選択肢作成に関するガイドラインを紹介する。

第 14 章　自由回答法

自由回答法の利点，課題，回答形式の説明に加え，質問作成に関するガイドラインを紹介する。

第 15 章　予備調査

質問紙ドラフトの修正を行って質問紙完成版を作成するための予備調査の重要性とチェック内容について具体的に説明する。

第1部
質問紙法の調査デザイン

2 質問紙法の基礎

　第1部の最初の章として，本章では質問紙法の特徴，利点，課題を明らかにする。最後に，調査の基本姿勢として，質問紙法による調査デザイン（research design）および質問紙デザイン（questionnaire design）の際に求められる回答者への配慮について説明する。質問紙法の基礎的な知識として，これらをよく理解したうえで調査に取り組むことがより質の高い調査の実施につながる。

■2-1　質問紙法の特徴

　面接法，観察法，実験法などと比較して，質問紙法の主な特徴は以下の点にある。

1　書かれたことばのみによる双方向的コミュニケーション

　原則として音声や画像などのノンバーバル情報は用いず，質問紙に書かれたことばや記号や数字という手段だけで，未知の回答者との間に客観性と信頼感のある双方向的コミュニケーションを成立させなければならない。調査者は回答者と直接対面しないので，質問紙のみを通して，相互の意図を明確かつ正確に理解しあう必要がある。調査者には，回答者の心理，立場，知識レベルなどを的確に把握するための情報，理解力，想像力が欠かせない。

2　多数の回答者への同一条件での調査

　多数の回答者を対象に，ほぼ同時期に同じ質問紙を用いて同じ条件で同じ内容の質問をする。すべての回答者に質問の意図を同じように解釈・理解してもらうことが求められる。

3　自　記　式

　回答者が自ら回答を記入する自記式であるので，回答者の言語能力がデータの質を左右する。

4　主観的判断に基づく回答

　知識，経験，行動，意見，態度，興味，価値観などについての回答者の主観的な判断に基づく回答を一次データとして直接求める。一次データは，調査目的にあわせて新たに集めた，自由に処理できる生データ（酒井，2001）である。

5　細かい工夫と配慮による説得力発揮の必要性

　調査デザインおよび質問紙デザインの全プロセスにおける細かい工夫と配慮によって説得力を発揮し，回答者の調査協力をより能動的で意欲的なものへと高めて質の高いデータの収集をめざす。質問紙デザインでは，質問内容，質問順序，ワーディング，回答選択肢，書式，レイアウトなどにとりわけ注意深い配慮が望まれる。

　以上のような質問紙法による調査の主な特徴は，次に述べる利点や課題に結びつく。

2-2　質問紙法の利点

　質問紙を用いた調査は非常に幅広く行われているが，それは質問紙法が以下のような多くの利点を備えているからである（表2-1）。

1　併　用　性

　質問紙法は他の調査法と併用しやすい。面接法，実験法などと組み合わせて相互補完的に調査を行うことで，データの精度をより高めることができる。

2　多　様　性

　個人の態度，欲求，感情などの心理的要因，経験，行動について，時間的広がり（過去・現在・未来）を含め多様な視点から多様な人々に幅広くたずねる

ことができる。結果として，回答者の特性を多面的に把握できる。

3　結果の客観性・信頼性の高さおよび結果の一般化の可能性

　質問順序および質問形式を統一することによってだれでも同じ回答条件になるように標準化された質問紙を用いて，短時間に一斉に多数の人々に回答してもらえる。調査実施条件を統一しやすく，相互に比較可能な大量のデータを効率よく集めることができる。また，質問紙を渡す，メール・郵便で送付する，あるいは Web ページ画面上に示すだけなので，面接法のように面接者の身体的特性やノンバーバル・コミュニケーション能力などが回答に影響を及ぼすこともない。そのため，影響に関してもほぼ斉一性を保つことができ，集めたデータの信頼性が高い。データについては統計的手法によって客観的な分析が行えるので，心理現象や社会現象について，代表する一部の人々の回答傾向から全体の傾向を推測することができる。

　以上のことから，分析結果に高い客観性，信頼性が認められ，結果の一般化を行いやすい。それだけでなく，複数の質問に対する回答間の関連性を検討することで，要因間の関係や規則性・法則性を明らかにしたり因果関係を推測したりすることもできる。ただし，一度の調査結果だけで因果関係を明確に断定することはできない。

4　低コスト性

　多数の人々を対象に同一期間あるいは同一時間に短時間で実施できるので，調査者の時間的・労力的・経済的負担が少なく効率がよい。筆記式の調査でもパソコンやスマートフォンを用いた調査でも，比較的低予算で，空間的にも遠くの人まで対象にできる。他の調査法に較べれば回答にかかる時間が短く，回答者の負担も少ない。

5　簡便性

　主にデータを数量化して統計的な分析が行われるため，1 件ごとにかかる入力や分析の時間が短い。統計ソフトが豊富で，手軽に多様な分析ができる。

6 匿名性の保障

回答を無記名で行えば回答者の匿名性は比較的守られやすい。匿名性が保障されれば，回答者は率直に回答しやすい。

表 2-1 質問紙法の利点

1 併用性
　面接法，実験法などと相互補完的に調査を行いやすい。
2 多様性
　個人の心理的要因や経験や行動について，時間的広がりを含め多様な視点から多様な人々に幅広くたずねることができるので，回答者の特性を多面的に把握できる。
3 結果の客観性・信頼性の高さおよび結果の一般化の可能性
　分析結果に高い客観性・信頼性が認められ，結果の一般化を行いやすい。要因間の関係や規則性・法則性を明らかにしたり因果関係を推測したりできる。
4 低コスト性
　調査者の時間的・労力的・経済的負担が少なく効率がよい。
5 簡便性
　データ入力や分析が速くできる。統計ソフトも豊富である。
6 匿名性の保障
　回答を無記名で行えば回答者の匿名性が守られやすい。
7 プライバシーの保護
　一般的に回答者の数が多く，調査者が回答者と対面する必要がなく，選択回答法が多いため，プライバシーを保護しやすい。
8 自己開示性
　一般的な質問はもとより，デリケートな内容の質問に対する回答においても自己開示度が高い。
9 調査者の影響の少なさ
　調査者の存在が回答に与える影響が小さい。
10 回答者の時間的自由
　回答者は比較的自由なペースで好きな時によく考えて回答できる。

7 プライバシーの保護

一般的に回答者の数が多く，調査者が回答者と対面する必要もない。また選択回答法（closed-ended question, pre-coded question, fixed-alternative question）が多く詳細な質問はしない。そのため回答者のプライバシーを保護しやすい。

8 自己開示性

一般的な質問はもとより，倫理的な問題や政治的な問題などデリケートな内容の質問に対する回答においても自己開示度が高い（Schwarz, Groves & Schuman, 1998）。匿名性の保障があれば，開示度はさらに高まる。

9 調査者の影響の少なさ

質問の内容や順序などによっては回答の誘導等の影響がありうるが，調査者と回答者の直接的な接触がないことから，他の調査法と比較すれば，調査者の存在が回答に与える影響は小さい。

10 回答者の時間的自由

回答者は比較的自由なペースでよく考えて回答できる。面接法のように目の前に面接者がいて答えを待たれるという圧迫感がなく，回答内容について考える時間がある。郵送調査法，留め置き調査法，インターネット調査法では，回答者の都合のよい時に回答できるという利点もある。

■2-3 質問紙法の課題

質問紙を用いた調査には利点も多いが，課題も多い（表2-2）。調査を実施するには，収集するデータに以下の方法上の課題が悪影響を与えないよう，あるいは欠点をうまく利用して利点に転じるように，さまざまな検討が必要である。

1 準備期間の長さ

項目2以下に挙げる課題を解決したり回避したりするため，質問紙作成には

さまざまな検討，工夫，対策が求められ，完成までに時間がかかる。

2　客観性の欠如
(1) 質　　問

　研究テーマに対する調査者の価値観や結果への期待から，質問の選択や内容が客観性に欠ける可能性がある（三井, 2010）。

(2) 回　　答

　回答者が主観的な回答をする可能性が大きい。ことばの解釈や自己理解において回答者がつねに正確で客観的であるとは言えず，意識と行動が一致しているとも限らない。さらに，回答者の無意識の領域にかかわる回答は得られない。

3　回答者の自己防衛性

　質問紙法を用いると回答者はよく考えて回答できるが，その分自己防衛的になりうる。自己の内面を実際とは異なって報告したり，虚偽の回答をしたり，回答を拒否したりする。

4　反応バイアスの発生

　回答者がどのような質問にも注意深く丁寧に回答するとは限らない。客観的に判断して真実だけを回答するとも限らない。両極選択バイアス，社会的望ましさバイアスなどさまざまな反応バイアスが発生する可能性がある。

5　回答者の興味の欠如

　調査者は調査テーマに重大な関心をもっているが，回答者は通常まったくあるいはさほど関心をもっていない。すべての回答者が，調査者が期待するような真剣さや熱意をもって回答してくれるわけではなく，質問項目を飛ばし読みしたり，教示文を読みまちがえたり，うっかり回答し忘れたり，いい加減に回答選択肢を選んだりすることがある。

6　回答者の偏り

　質問紙に回答するためには一定の教育レベルが必要である。文章を読んだり書いたりすることにある程度慣れていて抵抗が少ない人，書くことに興味がある人，インターネットに興味をもち使用できる人などが忍耐力のある回答者になりやすい。さらに，調査に協力してくれる回答者がまじめで誠実で熱心な人，あるいは調査テーマにとくに興味をもっている人という偏りもありうる。たとえば郵送調査法の場合，期限内回答群の傾向が調査対象の集団を十分代表してはいないことが明らかにされている（岩井, 1975; May, 2001）。

7　融通性の欠如

　質問紙の内容を個別の回答者の状況に合わせて途中変更することはできず，前もって準備した質問に対する回答しか得られない。しかも解釈の判断材料はその回答しかない。いったん作成した質問紙の内容は現場で自由に修正することができないので，事前の準備に周到さが求められる。

8　表面的な内容

　回答者に自分で回答してもらう自記式であるため，また多人数の回答者に適合した内容にする必要があるため，複雑な質問はできない。短時間で回答できるように質問数が限られるうえに，用意された回答選択肢から答えを選ぶため，回答内容は表面的で妥当性に欠けるものになりやすく，個人の心理面や経験の解釈などを深く把握しにくい。この課題をある程度解決するのが心理尺度および自由回答法（open-ended question）の使用である。

9　回答者の言語能力レベルによる限界

　回答者の言語能力のレベルが調査の限界となる。小さい子どものように読解力が低い場合は調査対象者として不適格である。また回答者が質問の内容を理解しないまま，あるいは誤解したまま答えていることに調査者が気がつかなければ，不正確なデータを集めることになってしまう。たとえ後から気がついても，訂正する機会はほとんどない。

10 代理回答

郵送調査法やインターネット調査法などでは，調査対象者ではなく家族や他人が身代わりで答えても調査者にはわからない。

表 2-2 質問紙法の課題

1　準備期間の長さ
　質問紙作成には検討，工夫，対策が求められ，完成までに時間がかかる。

2　客観性の欠如
　(1) 質問の選択や内容が客観性に欠ける可能性がある。
　(2) 回答者が主観的な回答をする可能性が大きい。

3　回答者の自己防衛性
　回答者はよく考えて回答できるが，その分自己防衛的になりうる。

4　反応バイアスの発生
　さまざまな反応バイアスが発生する可能性がある。

5　回答者の興味の欠如
　調査者は調査テーマに重大な関心をもっているが，回答者は関心をもっていない。

6　回答者の偏り
　回答者に偏りが出やすい。文章を読んだり書いたりすることにある程度慣れていて抵抗が少ない人，書くことに興味がある人，インターネットに興味をもち使用できる人などが忍耐力のある回答者になりやすい。

7　融通性の欠如
　いったん作成した質問紙の内容は現場で自由に修正できないので，事前の準備に周到性が求められる。

8　表面的な内容
　短時間で回答できるように質問数が限られるうえに，用意された回答選択肢から答えを選ぶため，回答内容が表面的で妥当性に欠けるものになりやすい。

9　回答者の言語能力レベルによる限界
　回答者の言語能力のレベルが調査の限界となる。

10　代理回答
　調査対象者ではなく他人が身代わりで答えても調査者にはわからない。

11　調査結果の過度の一般化
　一度の調査結果で明らかにできた現象を一般的な心理や行動パターンの証拠と捉えてしまう恐れがある。

11 調査結果の過度の一般化

一度の調査結果で明らかにできた現象を一般的な心理や行動パターンの証拠と捉えてしまうことによって，誤った結論を導いたり，その後の研究活動の方向を誤らせたりする恐れがある。このような過度の一般化を防ぐためには，調査を繰り返し行ってより多数（統計的に意味のある結果を得ることのできる数以上）の回答者からデータを収集し，それでも毎回同じ結果が得られるかどうか確認する他はない。

質問紙法における以上のような課題を完全に解決することはできないが，少しでも緩和するためには，まず質問紙の内容に緻密な検討と工夫を重ねて，より信頼のおける精度の高いデータを得られるようにする。また，慎重に調査を繰り返すことで，妥当性のある因果関係を推定することをめざす。分析力を高めるために，質問紙法と面接法あるいは実験法を組み合わせた調査法，量的調査と質的調査双方の技法を統合して行う混合調査法（mixed methods）（Creswell, 2010 ; Creswell, 2014 ; Creswell, 2015 ; Pinto, 2010）などの採用を検討してみることも価値がある。

■2-4　回答者への基本的配慮

ここでは質問紙法による調査デザインおよび質問紙デザインに際して常に念頭においておくべき，回答者に対する基本的配慮についてまとめておこう（表2-3）。第2部で紹介する各章のガイドラインは，これらの配慮を具体的な行動として示すものである。調査のプロセスで何らかの判断に迷うことがあれば，この原点に立ちもどって再検討していただきたい。

1　回答者の自発的な協力と忍耐に感謝の気持ちをもつ。

調査は回答者の自発的な協力と忍耐なくして成立できない。どのようにきちんと計画された調査や質の高い質問紙であっても，回答者の協力なくして正確なデータの収集は不可能である。回答者に貴重な情報をいただくという謙虚な態度と協力への感謝の気持ちをもち，だからこそ，その貴重な情報提供者に負担をかけず退屈させない内容の質問紙にするべく工夫しよう。

調査に協力して回答したことが何らかの意味でよい経験になった（興味深くおもしろかった，楽しかった，新しい情報・知識が得られた，新しいものの捉え方を学んだ，自分自身や社会について改めて考えるきっかけになった，事実の解明に貢献できて嬉しいなど）と回答者に思ってもらえれば理想的である。

2 回答者の協力の限界に配慮する。

調査テーマに興味や関心をもっているのは調査者（だけ）であって，回答者は必ずしもそのテーマに興味をもっているとは限らない。むしろ，ほとんどの場合回答者には興味のないテーマ，あるいは今まで考えたことも意識したこともないテーマであろう。両者には大きな関心のギャップがある。それにもかかわらず調査に協力してもらう以上，回答者が調査への協力に必要以上の時間やエネルギーを割く必要のないように，協力の限界を考慮することが調査者のマナーである。

3 調査者自身の常識や知識を見直し続ける。

調査の実施および質問紙の作成にあたっては，回答者にいかに正確にこちらの意図を理解してもらい，正確な情報を提供してもらえるかということが重要なポイントとなる。そのためにはまず，調査者が回答者の立場に立てるよう，回答者への理解を深める。自分が当たり前だと思っている常識や知っていて当然と思われる知識が回答者にとってもそうであるかどうか，逆に，回答者にとっての常識や知っていて当然の知識を自分がもっているかどうか，常に自問自答する。自分と回答者の常識や知識にはズレがあるということを前提にして調査の計画や準備をスタートさせよう。

4 調査に関する必要十分な情報を調査対象者に事前に提供する。

調査者には，調査対象者が調査に協力するか否かを自由意志に基づいて決定するために必要十分な情報を事前に提供する義務がある。その結果，納得して得られる同意がインフォームド・コンセントである。調査者自身に関する情報（氏名，所属先，連絡先）はもちろんのこと，調査目的，対象者を選んだ理由，回答したくない質問には回答しなくてもよいこと，予定している調査結果の発

表先，回答者への倫理的配慮の内容（次項参照），謝礼の有無とその内容，調査への助成の有無，助成組織などについて知らせる．調査対象者はこれらの情報をもとに，調査に協力するかどうかを決定することができる．

5　倫理的ガイドラインを遵守する．

調査に協力し回答することが回答者に不利になるような，あるいは幸福・福利（welfare）を傷つけ迷惑になるような結果を招かないことが，調査者の守るべき倫理的ガイドラインの第一歩である．そのためにはまず，回答者の匿名性を保障できる方法を検討しておく．また，回答者のプライバシーを尊重し，デリケートな問題への質問は必要最小限にとどめ，立ち入った質問や人権を犯すような質問を不必要に用いることのないように質問紙を作成しなければらない．これらのガイドラインを守りつつ調査の実施に漕ぎ着けて，客観的で正確なデータを集める．さらに，守秘義務を履行し，収集したデータや個人情報は匿名で扱い，安全に管理する．調査結果を公表する際には回答者が特定されないように配慮する．

6　言語的コミュニケーション力と想像力を発揮する．

質問紙作成は，言語だけを媒介に，目の前にいない多数の回答者への質問と回答という相互的なコミュニケーションを予測しての作業である．ノンバーバル・コミュニケーションなしで，正確に意図が伝わるような明確で簡潔な文章と内容にする必要がある．この意味で，質問紙作成には調査者の言語的コミュニケーション力と想像力が肝要だ．想像力は，調査テーマと回答者の心理，立場，知識，経験などに関する深く広い知識と理解に裏打ちされて初めて，信頼に足る予測力を発揮する．

7　回答しやすい質問紙を作成することを重視する．

回答者が無理に考えて疲れるような質問紙ではなく，回答しやすい質問紙を作成する．適切な数の質問を論理的な流れで構成し，読みまちがえたり意味内容を勘違いしたりしないようワーディングに注意し，回答方法を誤らないようレイアウトにも配慮する．回答者の立場に立って，できるだけ回答しやすいよ

表 2-3　回答者への基本的配慮

1　回答者の自発的な協力と忍耐に感謝の気持ちをもつ。
　調査は回答者の自発的な協力と忍耐なくして成立できない。回答者に貴重な情報をいただくという謙虚な態度と協力への感謝の気持ちをもつ。

2　回答者の協力の限界に配慮する。
　調査テーマに対して、調査者と回答者には大きな関心のギャップがある。それにもかかわらず調査に協力してもらう以上、回答者が調査への協力に必要以上の時間やエネルギーを割く必要のないように、協力の限界を考慮する。

3　調査者自身の常識や知識を見直し続ける。
　自分にとっての常識や知っていて当然と思われる知識が回答者にとってもそうであるかどうか、逆に、回答者にとっての常識や知っていて当然の知識を自分がもっているかどうか、つねに自問自答する。

4　調査に関する必要十分な情報を調査対象者に事前に提供する。
　調査者には、回答者が調査に協力するか否かを自由意志に基づいて決定するために必要十分な情報を調査実施前に提供する義務がある。

5　倫理的ガイドラインを遵守する。
　調査に協力し回答することが回答者の不利や迷惑にならないようにする。

6　言語的コミュニケーション力と想像力を発揮する。
　ノンバーバル・コミュニケーションなしで、正確に意図が伝わるような明確で簡潔な文章の質問紙を作成する。想像力は、調査テーマと回答者の心理・立場・経験などに関する深く広い知識と理解に裏打ちされて初めて、信頼に足る予測力を発揮する。

7　回答しやすい質問紙を作成することを重視する。
　回答者が無理に考えて疲れるような質問紙ではなく、回答しやすい質問紙を作成する。このことは、正確な回答を得るために重要なポイントでもある。

8　質問紙の内容は調査者の内面を映す鏡であることを認識する。
　質問内容、ワーディング、回答選択肢、レイアウトなどは、調査者の調査テーマに関する知識、態度、パーソナリティ、価値観を映す鏡である。質問紙の内容が客観的で公平であるか、偏見や偏った価値観などが表れていないかチェックしよう。

うに質問文，教示文（指示文），実態にそった回答選択肢を作成する。また回答者の反応を先回りして予測し，起こりうる問題（質問の意味を誤解する，質問内容を不快に思う，回答箇所を間違える，回答に飽きる等）をいろいろ想定し，それらを未然に解決するつもりで作成する。これらのことは，結果として正確な回答を得るために重要なポイントでもある。

8 質問紙の内容は調査者の内面を映す鏡であることを認識する。

　質問内容，ワーディング，回答選択肢，レイアウトなどは，調査者の調査テーマに関する知識，態度，パーソナリティ，価値観を映す鏡である。調査者は，自分の作成した質問紙の内容が客観的で公平な質問内容であるか，偏見や偏った価値観などが表れていないかできるだけ厳しくチェックしよう。

3 質問紙法の調査プロセス

　本章では，質問紙法による調査の全プロセスの概略について体系的に紹介する。特に調査テーマの発見から調査実施の段階に至るまでの調査前半のプロセスに焦点をしぼった説明を行う。

■3-1　調査プロセスの概略

　質問紙を用いた調査プロセスの第一歩は調査テーマの発見である。文献調査によって収集した先行研究の成果を参考にしながら，興味をもった複数のテーマについてさまざまに検討を重ねる。テーマを決定して1つにしぼるプロセスから調査デザインが始まる。

　調査デザインは，調査プロセスのなかでもとくに，調査の基本的な計画を立てる段階，すなわち企画・立案・準備をする段階である。調査デザインは，物事を決める作業の連続であるとも言える（Saris & Gallhofer, 2007）。まず調査テーマ，目的，タイトル，仮説を決定し，主要な概念や用語を定義する。ほぼ同時に，調査のスケジュール，予算，調査対象者，データ収集法，サンプリング法も決めなければならない。これらの決定後に始まるのが質問紙デザインのプロセスで，質問紙ドラフトを作成し，予備調査を経て質問紙を完成させる。その後本調査を実施して，回答を回収する。

　調査プロセスの後半では，収集したデータのエディティング（編集）・分析，報告書／論文のまとめ，プレゼンテーションを行う。

　本章では質問紙法による各調査プロセス（表3-1）を時系列的な順序に並べて説明を加えるが，これはあくまでも便宜上の順序である。調査目的や調査状況次第で順序が変更になっても問題はない。またある1つのプロセスだけが独立して進行するということはほとんどなく，実際は複数のプロセスが同時進行

し，相互に分かちがたく密接に関連しあい影響を与えあう。1つのプロセスが変更になれば，当然他のプロセスの変更も余儀なくされる。そのことを前提にしたうえで本章を参考にしていただきたい。質問紙法による本調査実施までの各プロセスの関連性については図3-1に示した。

3-2 調査テーマの発見

　社会現象あるいは人間の心理や行動の実態とその発生原因などについて真実を知りたいという興味や関心をもつことが調査テーマの発見である。調査テーマの発見が調査の出発点となる。発見には着想力や独創性がものを言う。テーマを発見しても，最初は漠然としたイメージのようなものとしてしか把握できない。そこで，そのテーマについて情報を集め，いろいろな角度から集中的かつ柔軟に考える。

　まずはインターネット，雑誌，入門書などを利用して概略的な情報を幅広く集めるのが第一歩である。幅広くとは言っても，自分に必要な情報の枠組みをある程度定めないと，どこまで調べればよいのか迷って収拾がつかなくなる。インターネットを用いる場合は，情報が大量に集まる反面，真偽のほどに保証がないので，信頼性のある情報を集めるために，とりわけ批判的に情報選択をする必要がある。

　興味をもつテーマについて友人などに話してみることも，漠然とした自分の疑問や考えを明らかにするためには非常に役に立つ。人との質疑応答によって頭の中が整理でき，自分がなにを知りたいのかが明確になる。そのうえ，テーマに興味をもってくれたかどうかの反応を直接確認することもできる。質問紙法による調査においては，調査対象者にテーマへの興味を共有してもらうことがとくに大切であることから，この段階での人の反応は後に貴重な情報になる。

　情報収集によってテーマの全体像が大まかに把握でき，実態や原因が解明され好奇心が満たされれば，あらたに自分が調査する必要はない。しかし，疑問が強く残り，好奇心や興味がさらにかきたてられれば，その疑問あるいは問題意識が調査の目的，方向性，範囲を明確に示すリサーチ・クエスチョン（research question）となりうるので，疑問の解明をめざすために調査の次のプ

ロセスに進む。リサーチ・クエスチョンは，質問紙に用いる具体的な質問を選ぶ際の判断の基準とも言うべきもので，明確であるほど質問紙をデザインしやすい（Bradburn, Sudman & Wansink, 2004；Bryman, 2016；Punch, 2014）。

ここまでのプロセスを楽しみながら進めることができたのなら，そのテーマへの興味は本物だと判断できる。

3-3 文献調査

テーマについての興味をリサーチ・クエスチョンのレベルまでもっていくには文献調査（文献レビュー）が必要である。文献調査のプロセスをきっちり踏まえないと，当該研究領域における自分の調査の位置づけができず，調査テーマを決定することもできない。文献調査では，理論や概念に関するタイプとデータを収集した実証的な調査に関するタイプの両方を調べる（Merriam & Simpson, 2000）。文献調査は本章で説明するほぼ全プロセスを通じて継続する必要がある。

1 文献調査の目的

文献調査には，以下のような6つの目的がある。

（1）先行研究を調べ，その結果をまとめる。調査テーマの発見のプロセスで確認した，テーマに関する大まかな興味と理解から一歩前進し，明らかにしたい問題状況をはっきりとした問題意識をもって捉えるために欠かせないプロセスである。つまり，文献調査は調査テーマの明確な方向づけに必要である（三井, 2010）。関連する文献を読んで検討し，自分の調査したいテーマに関して今まで何が明らかにされ，何が不明のままなのか，どんな問題を明らかにすることが重要なのか，どのような方法で調査するのが適当なのかを調べる。

（2）すでに他の研究者が行っていることを知らずに同じような調査をすることによって，「オリジナリティ（独創性）がない」とみなされたり，「盗作ではないか」と疑われたりすることを避ける（三井, 2001）。

（3）文献を読むことによって理論や概念をより明確に把握し，調査の概念枠組みを論理的に構築する一助とする。

（4）調査目的にふさわしい仮説を立て，的確な質問を作る。社会的妥当性のない仮説や質問からは無内容なデータしか集められない。自分の調査では具体的にどのような質問をすればよいのかについて，実証的な調査の成果から参考になる情報を数多く収集する。

（5）調査テーマに関する豊富で正確な知識を獲得し，調査対象者にふさわしい内容の質問紙を作って信頼を獲得する。調査テーマに関する豊富で正確な情報をもっていることは，調査者および調査に対する調査対象者の信頼感を高める。

（6）回答内容や分析結果を正しく解釈し理解する。テーマに関する十分な知識が調査者にあれば，調査対象者からの情報の内容が理解できないとか誤解するということを減らすことができる

2　文献の探し方

文献探しには，いわゆる「イモヅル式」が有効である。興味をもって読んだ本や論文の引用文献の中から調査テーマに関係のありそうな文献を探して，読む範囲を広げていく方法である。関連文献に繰り返し引用文献として登場するものは必読文献であるので，何を読むべきかを決める際の指針としよう。

インターネット上の検索による文献探しは有効である。しかし，自分で選択した狭い範囲内の部分的な情報しか得られない，アップデートされず情報が古い，得られた情報の信頼性が低いなどの恐れがある場合はクロスチェックが必要になる。そのような場合には図書館，研究所，学術情報センターなどのオンラインあるいはデータベースも利用して探索を行い，これまでに行われた同種の調査の詳しい調査結果を掲載した学術雑誌（academic journal）の論文や学会発表論文，専門書を活用しよう。とくにハンドブックとレビュー論文（展望論文）が，問題を総合的に把握し文献を探すのに非常に役立つ。過去の新聞記事（新聞社のサイトなどを利用），統計資料，調査報告書などを見ることも情報の枠を広げる。調査報告書の末尾には当該調査で用いられた質問紙が付録として掲載されていることが多く，後で質問を作成する際の参考にもなる。

表3-1 質問紙法の調査プロセス

1 調査テーマの発見
　調査テーマの発見が調査の出発点である。最初は漠然としたイメージのようなものとしてしか把握できないので，情報を集めていろいろな角度から集中的かつ柔軟に考える（本章）。

2 文献調査
　理論や概念に関するタイプと実証的な調査に関するタイプの2種類の文献を調べる（本章）。

3 調査デザイン1
　調査テーマと目的を定めて概念的枠組みを構築し，タイトルと仮説を決定する（本章）。

4 調査デザイン2
　スケジュールと予算を決める。決める際には，調査者が利用できる時間，費用，人的ネットワークについての現実を直視する（本章）。

5 調査デザイン3
　調査対象者・データ収集法・サンプリング法の決定を行う（第4章・第5章）。

6 調査デザイン4
　どのようにデータを編集・集計・分析するか，どの統計ソフトを使用するかなどを検討しておく。

7 調査デザイン5
　質問紙ドラフトを作成し，予備調査を行って質問紙を完成させる（第2部）。

8 調査デザイン6
　調査実施に向けて，質問紙作成以外のさまざまな準備も行う（第6章）。

9 調査デザイン7
　調査デザイン1〜6のプロセスで，調査の目的や方法に倫理的問題が含まれていないかよく検討し，調査（研究）倫理委員会に調査内容の事前審査を申請しておく（第7章）。

10 本調査実施
　質問紙の配布・回収を行う。問い合わせに対応する。

11 本調査実施後の調査プロセス
　データの編集・入力・分析，報告書の作成・提出・送付，論文作成・プレゼンテーションを行う。

（　）内は，当該項目について本書で扱っている部および章

3-4 調査デザイン1：調査テーマ・目的・タイトル・仮説の決定

調査デザイン1のプロセスでは，調査テーマと目的を定めて概念的枠組みを構築し，タイトルと仮説を決定する。

1 調査テーマ・目的の決定

調査テーマを決めることは，同時に調査目的を明確化し決定することでもある。調査は単なる情報収集ではなく，何のためかという明確な目的が必要である。調査テーマは，できるだけ今まで誰にも取り上げられたことのないものを選択して独創性を発揮すること，またテーマや目的の範囲をできるだけしぼって焦点のはっきりとした具体的なものにすることが，タイトルや仮説の決定に効果を発揮する。

調査テーマや目的の明確性をチェックする基準は，「テーマや目的についてもともと何も知らない人に説明して理解してもらえるか」「説明に説得力があると認めてもらえるか」という2点である。とくに，多くの人々の協力を仰がなければならない質問紙法による調査の場合，明確で説得力のあるテーマや目的をもつことが非常に大切である。

初心者は1回の調査に多くの目的を盛り込もうと欲張ることが多いが，1つの調査では1つの目的に焦点を定めることが望ましい。その結果明らかにされたことと明らかにされなかったことを区別し，明らかにできなかったことについては次にどう調査すればよいかについて考え，問題を提起する。そうすれば，次の調査はこの段階からスタートできる。このような繰り返しが研究の積み重ねとなる。

調査テーマと目的を決める際には，どのような対象に対してどのような貢献ができるかについても明確化しておくことが求められる。つまり，調査意義の明確化である。調査に協力することには意義があると調査対象者にも認識してもらうことは，質問に真剣に回答してもらうために必要なことである。意義はたとえば以下のようなものである。

(1) 人間の心理や社会事象についての真実を明らかにし，理解を深める。
(2) 施策を提案するなど，何らかの社会的・学術的な貢献をする。

(3) 消費者の評価や意見を求めることが，消費者心理の理解促進に役立つ。
(4) 患者情報を手に入れることが，将来の治療に役立つ。

2 テーマ概念の定義・概念構造の明確化

調査テーマと目的が決まったら，テーマ概念を定義し，サブ・テーマ（構成概念，下位概念）の構造を明確にしておく。この2つは，後に作成する質問項目の構成，内容，順序を決定する際に非常に重要な役割を果たす。サブ・テーマの具体的な意味内容が操作的定義にもなる。

3 調査の位置づけ

研究目的の調査の場合は，当該研究がその分野の研究領域でどのように位置づけられるのかを明確にする。つまり，従来から研究されてきた研究を引き継ぐ形のものか，従来の研究成果を確認するものか，新しい考え方や情報をもたらすものかなどの特徴についてはっきりと認識しておく。

4 タイトルの決定

タイトル（表題）は調査テーマや目的を調査対象者にアピールし，回収率を高めるために大切な存在である。専門的にあまり細かく正確に記述するようなタイトルより，簡潔でありつつも意味のわかりやすい表現を用いて，調査対象者が漠然とながら把握できる程度の抽象的あるいは包括的なタイトルにしたほうがよい。サブ・タイトル（副題）を利用するのも効果的である。調査タイトルでよく用いられる表題向きの表現法や決まり文句を知っておくことがよい表題を決定するのに役に立つ。そのためには先行研究の調査で用いられたタイトルを数多く見ることが参考になる。

5 仮説の決定

調査は，仮説検証型調査と仮説生成型調査（仮説発見型調査，実態把握型調査）に分かれる。仮説検証型調査の場合は仮説を立て，その仮説が本当に成立するかどうかを検証する。仮説生成型調査は仮説を無理矢理調査にもちこまず，実態やおおまかな事情を把握あるいは確認し，仮説を発見するための調査であ

る。仮説を用いない調査でも，変数間の関係について理論的な背景に基づく大まかな論理的見通しを一応立てておくと質問紙を作成しやすい。見通しなしに変数間の関連を予測したり質問を組み合わせたりすることはむずかしい。

仮説とは，ある現象について研究者の経験や直感，先行研究の成果などから論理的に導かれる仮の説明あるいは見解で，2つあるいはそれ以上の変数（variables：数値化して測定できるもの）間の相関関係（因果関係）として記述される。調査に仮説を用いるには，事前の文献調査や資料収集によって十分な予備知識をもっている必要がある。

仮説は調査に明確な方向性を与え，データの分析や結果の解釈の指針となる。抽象度の高い一般仮説（理論仮説）を立て，そこからデータによって実際に検証可能な具体的仮説，すなわち作業仮説を導き出す。作業仮説は複数あることが一般的であるが，数が多ければよいというものではない。質問紙に用いることのできる質問項目数の限度に合わせて仮説数を決めることになる。

仮説の内容は，変数間の予測される関連性（Merriam & Simpson, 2000）として簡潔に説明される。調査を行って作業仮説を実証的に検証し，立証されるか反証されるかの結論を引き出す。質問紙を用いた調査の仮説の場合，一度の調査で因果関係を明らかにするのはほぼ不可能であることから，変数間の関係を検討する，検証可能な相関的仮説を立てることが望ましい。この点が，仮説を立てて因果関係を明らかにする質問紙実験とは異なる。

仮説は，意味の解釈に誤解が起こらないよう，明晰で論理的で具体的な文章で簡潔に表現する。仮説の内容があいまいであると，質問の焦点が定まらず，質問項目がやたらに多くなったりする。仮説に用いる主な変数を定義しておくことが，後の質問作成作業を楽にし，仮説検証を明確にする。

3-5 調査デザイン2：スケジュール・予算の決定

調査デザイン2では，スケジュールと予算を決める。決める際には，自分あるいは調査プロジェクトが利用できる時間，費用，人的ネットワークについての現実を直視しよう。

1 スケジュールの決定

　回収したデータをいつまでに集計・分析し，調査概要や報告書をいつどこに提出するかという最終的な期限からひるがえって，質問紙ドラフトの作成，予備調査の実施，質問紙の完成，本調査実施（質問紙の配布と回収），データ編集，データ入力，集計，分析，調査概要・報告書の提出・発送・ウェブサイトへの掲示，論文の作成，結果のプレゼンテーションなどのスケジュールを具体的に決めておく。日程にはゆとりをもたせておこう。

　調査実施には，調査目的・調査対象者の生活や就労状況などからみてふさわしい時期・期間・曜日を早めに確認しておく。一般に，紙媒体による調査を実施してデータを収集するには約1ヶ月程度かかる。調査対象者の職種などにより調査できない時期や期間がありうるので，事前確認が必要である。特定の個人／組織に質問紙の配布を依頼する場合は，その人／組織と調査対象者両方の状況を確認しておこう。調査は計画より遅れることが多いので，スケジュールは余裕のあるものにする。

　マーケティング・リサーチやマスメディアの調査などでは，調査目的次第で，準備に2,3日程度のほんの少しの時間しか費やせないことや，ある一定の時までにあるいはある一定の時期に調査を実施せざるをえないことがある。このような場合は，調査実施期間に選択の余地はない。

2　予　　算

　調査デザインを決定する際に慎重に考慮しなければならないのが予算（調査費用）である。人的コストの検討とともに経済的コストも見極めるため，以下の点について見積もりをしておこう。

　(1) 予備調査と本調査の質問紙・挨拶状などのコピー代・印刷費，通信費（封筒，返信の分も含めた切手代）

　(2) 交通費・出張費

　(3) 人件費・謝金（調査員の人件費，データ入力や統計分析を手伝ってもらう学生への謝金など）

　なお，郵送調査法の場合，質問紙に関する調査対象者からの問い合わせにだれがどのように対応するのか，その謝金はどうするのかについても検討しておく。

(4) 回答者への謝礼（謝品）および郵送費・協力者への謝品および郵送費

(5) 調査会社に依頼する場合は経費の見積もりをしてもらう。調査期間（調査のスピード），調査対象者数，質問項目数，データ収集法，集計・分析法などによって費用は異なる。

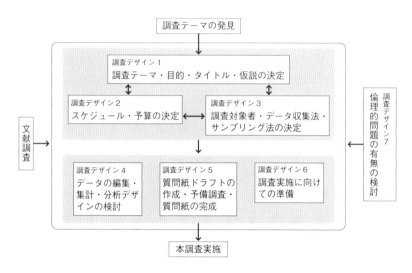

図3-1　質問紙法による本調査実施までの各プロセスの関連性

■3-6　調査デザイン3：調査対象者・データ収集法・サンプリング法の決定

　調査デザイン3では，調査対象者・データ収集法・サンプリング法（標本抽出法）を決定する。ここでは順序として調査対象者の決定をこの位置に置いているが，調査テーマ，目的，仮説，タイトルをはっきりと決めるためには，ほぼ同時期に，それらにふさわしい調査対象者，データ収集法，サンプリング法などに関する調査デザインも行わなければならない。どのような人や組織（消費者，企業，学校，グループなど）を対象にどのようにデータを収集するかを決めなければ，テーマや目的や仮説の検討は焦点の定まらないものになる。対象者とその選び方はできるだけ早い段階で決めておこう。なお，調査目的次第では調査タイプの決定が必要な場合もあるので説明を加えておく。

1 調査対象者

調査対象者（標本，サンプル）を決定する際に考慮することは以下のようなことである。

(1) 調査テーマと目的から，どのような母集団が適切か。

(2) 調査対象は個人か世帯か組織（企業，自治体，学校，施設など）か。

(3) 調査対象者を性・年齢・職業・居住地などのデモグラフィック特性や経験の有無などで限定するか。

(4) 調査地域の範囲はどうするか。

郵送調査法，インターネット調査法，電話調査法なら，調査対象者の居住地や勤務先がばらばらであってもデータ収集に問題はない。集合調査法や面接調査法の場合は，比較的狭い範囲内で調査を行うことになる。

(5) 調査対象者数はどのくらいにするのが目的から考えて妥当か。これは，予算に加えて，調査目的に応じて求められる精度（誤差を許容する程度），予想される回収率の3つを考慮して検討する。

(6) 本調査はいつ実施するか。期間はどのくらいにするか。

調査目的，調査対象者のスケジュールや都合などを考慮し，いつどのくらいの期間調査を行うかを決める。

2 データ収集法

(1) どのデータ収集法がふさわしいか。

調査テーマ，目的，調査対象者の特性から考えて，どのようなデータ収集をするのが適切か。たとえば，調査対象者に集まってもらう集合調査法か，インターネット調査法か，郵送調査法かなどについて判断する。回収率を上げるために，一度の調査に複数のデータ収集法を組み合わせることも検討する（4-7参照）。

(2) 予備調査をいつだれに行うか。

本調査でデータ収集を行う前に予備調査を行う。その対象者と日程を決める。

3　サンプリング法

　サンプリング，つまり調査対象者の抽出はどの方法にするか，全数調査か標本調査か，確率標本抽出法（単純無作為抽出法，層化抽出法など）か非確率標本抽出法（有意抽出法，クオータ法など）かを決める。

4　調査タイプ

　横断的調査（cross-sectional survey）と縦断的調査（longitudinal survey）のどちらにするかを決める。横断的調査は，ある集団を対象に一時点だけ調査を行うものである。一度の調査で測定された変数間の関連が分析されるが，因果関係を結論づけることは困難である（浦，1997）。横断的調査のなかでも，同一時点に同一質問項目を用いて複数の集団で調査を行うものを比較調査（comparative survey）と言う。集団間の共通点と相違点を明らかにしたり，仮説の一般性を検討することを目的とする。

　一方，縦断的調査は長期間にわたって1つの現象を観察するために行う調査である。予算も時間も横断的調査よりかかる。継続調査（repeated survey）とパネル調査（panel survey）に分かれる。継続調査では同じ対象集団の中から毎回調査ごとに別の対象者を選び直して同一項目の調査を行い，集団としての回答の変化を検討していく。コホート分析ができる。パネル調査は，固定された同一の対象者であるパネルに対して同一項目について繰り返し調査するもので，個別の対象者の回答について時系列的な変化を調べることができる。因果関係を検討するのに適した調査タイプであるが，回数を重ねるごとに対象者数が減ってしまうパネルの劣化という問題が生じやすい。

■3-7　調査デザイン4：データの編集・集計・分析デザインの検討

　質問紙を作成する段階で以下の点についてあらかじめ大まかに決めておく。
　（1）得られたデータをどのように編集・集計して結果表を作成し，分析のための統計表をどのように作成するか。
　（2）どのような分析方法がふさわしいか。
　（3）利用できる統計ソフトはどれか。

なお，調査デザイン4については本書では扱わない。

3-8　調査デザイン5：質問紙ドラフトの作成・予備調査・質問紙の完成

　調査デザイン5では，質問紙ドラフト（draft）を作成し，予備調査を行って結果を検討し，質問紙を完成させる。調査テーマの決定から予備調査を経て質問紙の完成までには通常約3ヶ月かかる。同じ内容あるいは似た内容の調査を繰り返し行い，調査の知識が豊富な経験者や専門家なら1週間から1ヶ月で作成することもある。

3-9　調査デザイン6：調査実施に向けての準備

　質問紙作成と平行して調査実施のための準備も進行させる。挨拶状（依頼状）などの作成，第三者へのデータ収集の依頼，フォローアップ・コンタクト，ブリーフィングなどさまざまな準備が必要である。

3-10　調査デザイン7：倫理的問題の有無の検討

　調査デザイン1〜6までのプロセスにおいて，調査の目的や方法に調査対象者の匿名性やプライバシーを侵害するような倫理的問題が含まれていないか継続的に確認しておこう。各学会や所属先の大学や調査機関で定められた研究倫理要綱をチェックしたり，調査（研究）倫理委員会に調査内容の事前審査を申請しておくことも必要である。

3-11　本調査実施

　データ収集法の種類によって質問紙の配布のしかたと回収法は異なる。また，インターネット調査法のように質問紙ではなくメールを用いたり，データのみ収集する調査法もある。調査の内容に関する問い合わせや苦情が調査対象者からよせられることがあるので，その対応も必要である。

3-12 本調査実施後の調査プロセス

1 データの編集・入力・分析

　回収したデータを編集・入力した後，各種分布，尺度得点，平均値や中央値などの代表値，標準偏差，分散，分布の範囲などを求め，相関表を作成したり相関係数を求めたりする。統計的推定・検定，多変量解析を行う。自由回答データの場合は，アフター・コーディングを行って統計的に分析したり，テキスト型データとして分析したりする。

2 報告書の作成・提出・送付

　報告書を作成し，所属先に提出するとともに，調査への資金援助をしてくれた組織および調査に協力してもらった個人に報告書を提出する。また，調査結果を希望する回答者にも報告書を送付するが，こちらは概略でよい。この際，簡単な礼状も同封して感謝の気持ちを示したい。調査結果をメールで送ったりウェブサイトに掲示したりする場合もある。

3 論文作成・プレゼンテーション

　研究者や大学院生の場合は，報告書を書くだけではなく，論文をまとめ，学会や研究会などでプレゼンテーションを行うことが必要である。また，企業の調査でも，報告書の他に調査結果のプレゼンテーションが重要な役割を果たす。

4 データ収集の技法

　質問紙を用いたデータ収集法（data collection method）は，集合調査法，郵送調査法，留め置き調査法，インターネット調査法，電話調査法，構造化面接法などに分類される。このうち電話調査法と構造化面接法は調査者や調査員が回答を聞き取り記入する他記式であり，厳密に言えば質問紙法には分類されない。しかし，どちらもあらかじめ作成した質問を用いてデータを集めるサーベイ調査法であることから，本書では質問紙を用いたデータ収集法に含めた。

　各データ収集法に関する概要と利点・課題の説明を読んで，どれがもっとも適切か，どの組み合わせがより効果的かについて，読者の調査テーマと目的，調査対象者の特性，調査期間，予算などから判断する参考にしていただきたい。

4-1　集合調査法

　集合調査法（group administration）はギャング・サーベイ（gang survey）とも言う。試験の要領で行う方法で，非常によく利用されている。調査対象者に特定の場所に集合してもらい，いっせいに質問紙を配布し，口頭で調査の概要や回答方法について説明し，その場で回答してもらう。調査実施期間は短い。特定のクラスの生徒・学生を対象にした学校での調査，職場の従業員調査，マーケティング・リサーチに向いている。近年では，会場にサーバーとパソコンを設置してデータを収集する方法も利用されている。

1　利　点

（1）一度に何人も調査できるので，短時間に多くのデータを収集できる。

（2）調査者（調査員）ひとりで実施できる。全回答者への説明や条件も一定にできるので，影響が均一化される。

(3) 質問紙を用いたデータ収集法のなかでもっとも匿名性が高い (Bradburn, Sudman, & Wansink, 2004)。

(4) 匿名性が高いので本音を引き出しやすい。

(5) 一般には回収率が70%までいけばよいほうであるが，学校や職場での調査ではほぼ100%で非常に高い。

(6) 経費や労力が少なくてすむ。

(7) 回答者と直接コミュニケーションができる。疑問があれば，回答者はその場で質問できる。

2 課　題
(1) 回答者が多人数の場合は統制がむずかしい。

表4-1　集合調査法の利点と課題

---

(1) 利　　点

1. 短時間に多くのデータが収集できる。
2. 調査者ひとりで実施できるので，影響が均一化される。
3. 匿名性が高い。
4. 本音を引き出しやすい。
5. 回収率が高い。
6. 経費や労力が少ない。
7. 回答者と直接コミュニケーションができる。

(2) 課　　題

1. 回答者の統制がむずかしい。
2. 回答者がその場の雰囲気に左右されやすい。
3. 回答者全員の歩調を合わせた調査の進行がむずかしい。
4. 標本の代表性に問題がある。
5. 事前の準備がいる。
6. 調査者間の事前の打ち合わせが必要である。

---

(2) 学校や職場での調査が中心なので，集団心理によって回答者がその場の雰囲気に左右されやすかったり，馴れ合いの雰囲気で回答を教え合ったりすることもある。

(3) 回答者によって回答のスピードがさまざまであるため，全員の歩調を合わせた調査の進行がむずかしい。

(4) 時間のある人しか集まれないため，標本の代表性に問題がある。

(5) 会場の確保や集合時間・場所の連絡など，事前の準備がいる。

(6) 調査者（調査員）間の事前の打ち合わせが必要である。

4-2 郵送調査法

郵送調査法（mail survey, postal survey）は近年もっともよく利用されている調査法である（小林, 2010）。調査環境の悪化によってサーベイ調査法全般の回収率が落ち込んでいるなかで，匿名性が高く回答しやすい郵送調査法の相対的な利用価値が高まっている。

郵送調査法では，調査対象者に質問紙，挨拶状，切手を貼付した返信用の封筒を郵送し，一定期日までに回答を返送してもらう。調査実施期間は2週間から長くて2ヶ月程度である。調査者（調査主体）から調査対象者に郵便で質問紙を送付し郵便で返送してもらうスタイルだけでなく，質問紙の回収を調査員が行ったり，第三者に預けてもらったりすることがある（6-2参照）。逆に質問紙を手渡しにして回収を郵送にする場合もある。

1 利　点

(1) 地理的に広範囲に分散している多数の人びとを対象に調査ができる。

(2) 費用のコストがもっとも低いデータ収集法である。

(3) 調査者（調査員）が回答の現場に立ち会わなくても調査ができる。そのため調査員数が少なくてよく，自宅に不在がちの人でも回答してもらえる。

(4) 質問紙を用いたデータ収集法のなかで，集合調査法に次いで匿名性が高い（Bradburn, Sudman & Wansink, 2004）。

(5) 匿名性が高いので回答者のプライバシーを守りやすい。

(6) 匿名性が高いので本音を引き出しやすい。

(7) 調査者（調査員）が間に入らないので，調査者の存在が引き起こす社会的望ましさバイアスや調査員バイアスが発生しない。

(8) 回答者は自分の好きな時に好きなだけ時間をかけて回答できる。

2　課　題

(1) 大量の質問はできない。質問項目の多さは調査への興味の持続や回答しやすさを損う。

(2) 回収率は一般的に 30 〜 60% ときわめて低い。そのため，得られたデータが母集団の特性を推定するのに十分でない可能性がある。しかし，調査の工夫次第で回収率が 70 〜 80% まで上がる可能性がある。

(3) 回答者の属性が偏る傾向がある。とくに普段の生活で字を書き慣れていない人々の返送率が低く，高学歴者あるいは調査内容に興味のある人が返送する確率が高い。

(4) 調査対象者本人が回答したという保証がない。代理回答がありうる。

(5) 調査対象者が自分で回答するので，質問の誤解，誤読，記入もれ，記入ミスが発生しやすい。複雑な質問はできない。

(6) 事前に想定した質問項目の順序通りに回答してもらえない可能性がある。質問の登場順に回答を進めてもらうように注意深く質問内容を考えて質問紙を作成した場合でも，回答返送までに時間の余裕があるために，質問内容をすべて先にチェックした後で回答されてしまうという不都合が発生することがある。

(7) 質問紙返送に時間がかかるので調査期間にゆとりが必要である。

3　FAX 調査法

郵送調査法の一種に FAX 調査法 (facsimile survey) がある。FAX 調査法は，あらかじめ登録したモニターに FAX で質問紙を送付し，回答後に FAX で返信してもらう。多数の質問はできないが，比較的迅速に調査結果を入手できるのが利点である。

表 4-2 郵送調査法の利点と課題

(1) 利　点
1. 地理的に広範囲に分散している多数の人びとを対象に調査ができる。
2. コストがもっとも低い。
3. 自宅に不在がちの人でも回答してもらえる。
4. 匿名性が高い。
5. 回答者のプライバシーを守りやすい。
6. 本音を引き出しやすい。
7. 調査者（調査員）の影響によるバイアスがない。
8. 回答者は自分の好きな時に好きなだけ時間をかけて回答できる。

(2) 課　題
1. 大量の質問はできない。
2. 回収率は一般的に極めて低いが，調査上の工夫次第で高めることができる。
3. 回答者の属性が偏る傾向がある。
4. 代理回答がありうる。
5. 記入ミスが発生しやすく，複雑な質問はできない。
6. 質問項目の順序通りに回答してもらえない。
7. 調査期間にゆとりが必要である。

4-3　留め置き調査法

　留め置き調査法（placement method）は，調査者（調査員）が対象者の自宅などを訪問して質問紙を渡し，回答を記入しておいてもらい，数日から1ヶ月後，多くは2，3週間の一定期間の後，再度訪れて回収する調査法である。

1　利　点
　(1) 回収率は70～80％でかなり高い。
　(2) 調査者（調査員）が回答の現場に立ち会わなくても調査ができる。その

ため調査員数が少なくてよく，自宅に不在がちの人でも回答してもらえる。

(3) 質問紙を回答者の自宅に置いておけるので，少々質問数が多くてもよい。

(4) あいまいな記憶に頼った不正確なデータの収集を避けることができる。

たとえば「1週間の携帯電話の送信内容」などのように，ある一定期間の回答者の行動を記録するような調査，あるいは家族と相談したり書類を調べたりしなければ回答ができないような調査で正確なデータを求めるのに向いている。

(5) 郵送調査法と同様に，回答者は自分の好きな時に好きなだけ時間をかけて回答できるので，回答前にじっくり考えたり調べたりすることができる。

2 課　題

(1) 二度訪問するための費用と労力のコストが高い。

(2) 郵送調査法と同様に，調査対象者本人が回答したという保証がない。

(3) 自宅に質問紙を置いておくので，指定した調査対象者以外の第三者の意見が回答に影響を与えることがある。質問紙にこの点の注意事項を明記することが必要である（本多, 2007a）。

表4-3　留め置き調査法の利点と課題

(1) 利　点
1. 回収率がかなり高い。
2. 自宅に不在がちの人でも回答してもらえる。
3. 少々質問数が多くてもよい。
4. 行動の記録や書類の確認などを求める場合，正確なデータを収集しやすい。
5. 回答者は自分の好きな時に好きなだけ時間をかけて回答できる。

(2) 課　題
1. 費用と労力のコストが高い。
2. 代理回答がありうる。
3. 第三者の意見が回答に影響を与えることがある。
4. 記入ミスが発生しやすい。
5. 複雑な調査は困難である。

(4) 郵送調査法と同様に，自記式であることから質問の誤解，誤読，記入もれ，記入ミスが発生しやすい。しかし，プライバシーにかかわる質問でなければ，回収する時に回答をチェックすることができる。

(5) 複雑な調査は困難であるため，実態調査に適している（本多，2007a）。

4-4　インターネット調査法

　インターネット調査法（internet survey）は電子的調査情報収集法（CASIC：Computer Assisted Survey Information Collection）の一種で，インターネットのユーザーを対象にした調査法である。ネット調査法，オンライン調査法（online survey），電子調査法（electronic survey）などともいう。インターネットの浸透およびこの調査法のさまざまなサービスの開発により，マーケティング・リサーチや学術調査ではすでにデータ収集法として定着している。最近はクラウド・コンピューティングのサービス利用が増加しており，たとえば大学では，クラウドソーシングサービスを行う調査会社のサーバーに学生の研究協力者プールを作成し，実験や調査を行うところもある。

　インターネット調査法は，調査員（面接者）を必要としない自記式のサーベイ調査法であること，コストが低いこと，回答者の匿名性が高いこと，質問数が多すぎると回収率が低下することなど，郵送調査法やFAX調査法との共通点が多い。

　主なインターネット調査法には，電子メール調査法（electronic mail survey）やWeb調査法（web survey）などがある。電子メール調査法では，質問紙はメールあるいはメールの添付ファイルで送付され，回答者は都合のよい時に回答を記入し，メールで返送する。Web調査法では，パソコンやスマートフォンのWebページ画面に示された質問への回答を回答欄に記入して送信してもらう。質問紙はHTML（Hyper Text Markup Language）などで作成され，回答は画面の指示に従って行われる。質問の配置は，1ページに複数の質問が示され画面をスクロールして回答するスクロール型，1ページに1問で回答するごとに次のページに進むページネーション型の2種類ある。

1 インターネット調査法のタイプ

インターネット調査法はサンプリング法によって，調査対象者が先に登録されているクローズド調査と不特定多数を対象にしたオープン調査（公募型）に分類される。

(1) クローズド調査

インターネット調査会社（リサーチ会社）に登録しているモニター，企業の従業員リストや顧客リストなどを対象にして行われる。モニター調査では，調査会社のモニターとしてあらかじめ自主的に登録した大量の人びと（調査対象者データベース，アクセスパネル）から，求める属性（性，年齢，職業，婚姻状況，子どもの有無，居住地などの基本情報）をもつモニターを調査者側が抽出して調査に参加してもらう。調査者側が回答者を指定するので，アクティブ調査とも言う。調査会社は，登録しているモニター数の把握だけでなく，モニターの定期的な属性データ更新を行い，回答者の本人確認方法を整備し，回答不活発者や不審回答者を排除する仕組みを整えるなど，モニター管理を徹底していることが求められる（江利川, 2011）。調査会社がモニターをいかに徹底的に管理しているかによってデータの質が左右される。データベースが完全なら，母集団の推定が可能である（本多, 2007b）。

たとえば調査会社に委託して質問紙調査システムを用いた Web モニター調査を実施する場合，まず，母集団を調査会社のモニター会員のうちある属性をもつ人々（たとえば神奈川県在住でフルタイム就労中の 20 〜 40 歳代男女）と設定し，フルタイム就労者を抽出するスクリーニング調査を行う。そのうえで，男女×年代の 6 層に各年代の人口統計比に基づいた割付を行ってサンプルの目標回収数を決める。調査を開始して，割り付け層ごとにモニターからの回答が目標数に達した時点で受付を締め切り，すべての層の回収を終了させる。回答が目標回収数に達した時点で調査をやめるので，無作為抽出による従来の回収率とは意味が異なり，明確に求められない。

調査会社を利用してデータを収集する場合は，回答者にポイントをあげる方法，抽選で賞品や賞金を提供する方法，図書カードなどのひとり 500 円程度の謝礼を提供する方法などがある。

(2) オープン調査

オープン調査は，インターネット利用者を対象にホームページ，バナー広告，懸賞サイト，メールマガジンなどで調査への協力を広く募集する。自らアクセスして興味をもった人ならだれでも回答できる調査である。比較的多数の回答者を確保できるが，調査者側が回答者を選べないことからパッシブ調査とも言う。回答者が一定数に達したら調査は終了する（本多, 2007b）。

調査に回答することで現金あるいは謝礼としてのポイントが支払われる。抽選で賞品や賞金が提供されたり，会社の商品や試供品を送られたり，メールでクーポン券や割引券や引換え券を送付されることもある。広告や販売促進やキャンペーンに近く，標本抽出という概念がないので母集団推定ができない（本多, 2007b）。

2 利　点

(1) インターネットが使えれば，いつでもどこでもだれでも手軽に回答できる。

(2) データ収集が非常に早くできる。簡単な調査なら1日，大規模調査でも1～2週間程度である（本多, 2007b）。

(3) 大規模な調査がリアルタイムでスピーディーかつ容易に実施でき，空間的にも広範囲からデータを集められる。海外での調査も行いやすい。

(4) 紙代，印刷費，調査員費用などがかからず，費用のコストが低い。

(5) 調査者（調査員）が間に入らないのでその影響によるミスやバイアスがない。

(6) 匿名性が高い。

(7) 匿名性が高いので本音を引き出しやすい。

(8) 郵送調査法や留め置き調査法と同様に，回答者は自分の好きな時に好きなだけ時間をかけて回答できる。

(9) 調査テーマに興味・関心をもつ人に対象をしぼった調査ができる。希少サンプルを対象とした特殊なテーマの調査を行いやすい（本多, 2007b）。

(10) 動画や画像を提示する，音声を用いる，カラフルな体裁の画面にできる，実験的操作が行えるなど多様な調査ができる。

（11）矛盾する回答，無回答，回答漏れなど不適切な回答をするとスクリーンや音声で注意され，スクリーンが次に進まなくなるので，最終的に得られるデータの精度が高く，欠損値を減らすことができる。得られた回答は有効なデータとして活用できる。

（12）回答者は調査者の決めた質問項目の順序に忠実に従って回答せざるをえないので，紙媒体による調査のように前もって全質問を見られることから発生する不都合は生じない。

（13）回答時間の計測が可能で，それを不審回答の排除に利用できる。回答時間が短かすぎれば，質問文を読んでいない可能性がある（江利川, 2011）。そこで，このような不自然に短い回答時間（スピーディング：speeding）を検出する方法が開発されている。

（14）回答の状況に応じて提示画面を自動的に選択できるので，サブ・クエスチョン（付随質問）のような複雑な質問の分岐が制御できる（本多, 2007b）。

（15）評定尺度を用いる場合，評定を数字で入力するのではなく，スライダーを用いて視覚的・直感的に回答してもらうことができる（江利川, 2011）。

（16）スクリーン上に示す回答選択肢の順序（特に最初あるいは最後）が選択に影響を与える順序バイアスを低減するため，回答者ごとに選択肢の順序をランダムに変化させることができる。

（17）編集作業の手間が省け，集計や分析がすぐにできる。回答者がWebのスクリーン上で回答した内容がそのまま電子化されるのでコーディングが不必要である。自由回答も，回答をそのままテキストファイル化することができる。

（18）企業などによる調査の場合，本来の調査目的以外に，調査を通して企業の存在や商品やサービスなどを認知・記憶してもらえたり，同意が得られれば回答者のメール・アドレスを顧客リストに加えることも可能である。つまり，調査をすること自体がプロモーションや広告になりうる。

3　課　題

（1）標本抽出に関する大きなバイアスがある。回答者は，まずインターネットを使用している人に限られる。そのうえ，応募法による有意抽出の調査対象者で，自発的に調査に参加している人々である。調査対象者データベースが完

全でなければ，標本数が多くても対象者の母集団がはっきりとわからないので標本の代表性に問題があり，結果の一般化がむずかしい。統計的推定や検定もできない。モニター登録をしている人は，インターネットに興味をもち使用できる知的レベルの高さや経済的ゆとりがあり，好奇心が強く，もともと調査テーマに興味をもっている，50歳以下の比較的若い世代で，謝礼品を求めるなどの偏りがある。しかもモニターには居住地が関東である人が多い（江利川，2011）。

（2）最初から謝金や現金などの報酬を目当てに多くのインターネット調査会社にモニター登録する"professional respondents"と呼ばれる人々が存在する。このような回答者は，たとえば全質問の回答選択肢を同じ番号にする（ストレートライニング：straight-lining）など，短時間で効率的に全問に答えることのみを重視し，正確に回答するという誠実さに欠けることがある。

（3）調査者も調査対象者も，相手の姿が見えないためノンバーバル・コミュニケーションが利用できず，質問や回答に含まれる現実と虚構との区別がつけにくい。

（4）虚偽回答や重複回答や代理回答によって調査者が欺かれやすいというインターネットに特有の問題がある。郵送調査法と同じく，回答者のなりすましが可能で，本人であるかどうかという確認が困難である。同一人物が何度も回答するケースもある。また，オンラインアクセスパネルを用いることはインターネット調査には欠かせない標本抽出法となっているが，不正行為や不注意な回答の多さがデータの妥当性を損なう脅威となっていることから，データの質の向上をめざす研究が数多く行われている（e. g. Jones, House & Gao, 2015; Meade & Craig, 2012）。

（5）画像や動画を提示できる反面，それらの素材の著作権や使用制限の問題がある。

（6）スクリーン上の反応については，通信回線の容量，パソコンの性能，OSやブラウザの種類とバージョンなどの回答者側のネット環境に依存せざるをえないという問題がある（江利川, 2011）。画面が表示されない，送信ミス，回線不良などのネット・トラブルもある（本多, 2007b）。

（7）メール・アドレスなどの個人情報が流出する危険性が常にあるので，他

表 4-4　インターネット調査法の利点と課題

(1) 利　　点
1. いつでもどこでもだれでも手軽に回答できる。
2. データ収集が非常に早くできる。
3. 大規模な調査がリアルタイムでスピーディーかつ容易に実施できる。
4. コストが低い。
5. 調査者（調査員）の影響によるバイアスがない。
6. 匿名性が高い。
7. 本音を引き出しやすい。
8. 回答者は自分の好きな時に好きなだけ時間をかけて回答できる。
9. 調査テーマに興味・関心をもつ人に対象をしぼった調査ができる。
10. 動画や画像や音声を用いて多様な調査ができる。
11. 得られた回答は有効なデータとして活用できる。
12. 回答者は質問項目の順序に忠実に従って回答する。
13. 回答時間の計測を不審回答の排除に利用できる。
14. 回答の状況に応じて提示画面を自動的に選択できる。
15. スライダーを用いた評定尺度が使用できる。
16. 回答者ごとに選択肢の順序をランダムに変化させることができる。
17. 編集作業の手間が省け，集計や分析がすぐにできる。
18. 調査をすることがプロモーションや広告になりうる。

(2) 課　　題
1. 標本抽出に関する大きなバイアスがある。
2. 最初から謝金や現金などの報酬を目当てにする回答者が存在する。
3. 質問や回答に含まれる現実と虚構との区別がつけにくい。
4. 虚偽回答や重複回答や代理回答によって調査者が欺かれやすい。
5. 画像や動画の著作権や使用制限の問題がある。
6. 回答者側のネット環境による問題がある。
7. セキュリティ対策が必要である。

のデータ収集法と比べてより細やかなセキュリティ対策が必要である。

以上のように，インターネット調査法には収集したデータの信頼性やサンプルの代表性に問題がある。そこで，予備調査や探索的調査に使用したり，留め置き調査法や郵送調査法で回答のみインターネットを使用したりする方法のように，混合型調査法（4-7 参照）を用いて調査の有効性を高めることもできる。

インターネット調査法には，先に挙げた課題以外にもモニター登録者の回答慣れや回収率の低下などさまざまな問題があり，いずれも解決は進んでいない。また，従来の紙と鉛筆によるデータ収集法とほぼ等価とする研究報告はあるものの（Weigold, Weigold & Russell, 2013），一貫した結果は得られておらず等価性の確認のための研究が引き続き必要である。

にもかかわらず，匿名性の高さ，使いやすさ，（大量の）データ収集にかかるコストの低さ，スピードの速さにおいて他の収集法に優ることから，インターネット調査法は質問紙法によるサーベイ調査実施のハードルを低くし，調査数を急速に伸ばしている。このような「サーベイの民主化」は，質の良い調査と悪い調査の混在を生じさせ，サーベイ調査に対するネガティブな社会的認知を招きかねない（Hewson, Vogel & Laurent, 2016）。他方では，パソコンの保有率の低下を背景に，今後データ収集ツールとしてスマートフォンの利用がさらに拡大すれば，固定されたパソコンを用いた従来のインターネット調査法とは異なるタイプの内容や目的をもった新たな発想に基づくインターネット調査法が登場してくることが予想される。

4-5 電話調査法

電話調査法（telephone survey）は，調査員が固定電話のある調査対象者の世帯に電話をかけ，調査対象者を指名して本人であることを確認した後，調査協力を依頼する。サーベイ調査法の一種で，調査票（シナリオ）に従って質問を行う。調査員が回答を記入する他記式である。

放送局，新聞社などのマスメディア調査やマーケティング・リサーチでよく使用される調査法で，専門の調査会社に依頼して実施されることが多い。回収

率は 70% 前後である。近年は電話調査法が減少して，インターネット調査法が増加する傾向にある。

　従来は電話帳に掲載されている電話番号から無作為抽出して調査対象者を選んでいた。しかし最近は，電話調査専門の会社が，コンピューターがランダムにつくった固定電話の電話番号に自動的にダイアルして対象者を選択するランダム・デジット・ダイアリング法（RDD 法：Random Digit Dialing method）を用いた調査が行われることが多い。RDD 法では，世代の偏りを避けるため，電話がつながった世帯の「上から何番目」の人に質問するかをコンピューターでランダムに決めるが，これは電話口で確認する。

　近年は，質問順序のランダム化や計算ができる CATI（Computer-Assisted Telephone Interviewing：コンピューター支援電話調査。電話調査でオペレーターがパソコン画面に従って質問し，回答をその場でパソコンに直接入力する）がマーケティング・リサーチなどで利用されている。また IVR（Interactive Voice Response）調査では，コンピューターによる自動音声応答システムを用いて集めたデータが即座にデータベースに記録されるので，迅速に処理が行えて入力コストも削減できる。

1　利　点

　(1) 多数の対象者に対して短期間で迅速に実施できることから，マーケティング・リサーチや世論調査の他，視聴率調査や選挙調査などマスメディアによる緊急性の高い調査によく利用される。

　(2) RDD 法の場合，電話帳に電話番号を掲載していない世帯も調査対象者に含まれる。ただし，業務用電話や未使用電話も含まれてしまう。

　(3) CATI や IVR では回答がすぐに記録されるので調査結果が迅速に得られる。

　(4) 調査対象者が地理的に広く分散していても調査が可能である。

　(5) 交通費，印刷費，郵送費が不要なので，比較的低コストで行える。

　(6) コミュニケーションが双方向的であるため，回答者が質問内容について疑問をもてば調査員がすぐに説明することができ，逆に回答者が質問を正しく理解したかどうかその場で確認することができる。

(7) 不在であれば，手軽に何度でも電話をかけ直すことができる。CATI を用いれば，調査対象者の都合のよい日時に自動的に呼び出すことができる（本多, 2007b）。

(8) 調査者（調査員）が物理的にはそばにいないので，比較的デリケートなトピックでも率直に回答してもらえる。

2 課　題

(1) 母集団の代表的な標本からデータが得られているという保証がない。近年は携帯電話しか使用せず固定電話をもたない人が若い世代を中心に増えて

表4-5　電話調査法の利点と課題

---

(1) 利　点

1. 多数の対象者に対して短期間で迅速に実施できる。
2. RDD 法を用いれば，電話帳に電話番号を掲載していない世帯も調査対象者に含まれる。
3. CATI や IVR では調査結果が迅速に得られる。
4. 調査対象者が地理的に広く分散していても調査が可能である。
5. 比較的低コストである。
6. コミュニケーションが双方向的である。
7. 不在であれば，手軽に何度でも電話をかけ直すことができる。
8. 比較的デリケートなトピックでも率直に回答してもらえる。

(2) 課　題

1. 母集団の代表的な標本からデータが得られているという保証がない。
2. 代理回答がありうる。
3. 回答拒否が多い。
4. 質問の量・数・長さが非常に限られ，複雑な内容は扱えない。
5. 調査者にコミュニケーション能力が必要である。
6. 聞き違い，誤解，思い込みが起こりやすい。
7. 調査対象者に迷惑をかける可能性が高い。

おり，電話帳を用いた調査ではそのような人は調査対象者に含まれない。また，在宅しがちな人が回答しやすい。RDD法の場合，個人だけではなく業務用電話も対象に含まれる。

（2）調査対象者本人が回答しているという確認がむずかしく，代理回答がありうる。

（3）回答拒否が多い。

（4）調査時間が5分～15分ほどであるので，質問の量・数・長さが非常に限られるうえに複雑な内容は扱えない。

（5）調査者（調査員）には短時間で調査対象者の信頼を得ることのできるコミュニケーション能力が必要である。

（6）音声のみでのコミュニケーションであるため，聞き違い，誤解，思い込みが起こりやすい。

（7）調査対象者が何をしているわからないところに抵抗不可能な形で侵入するので，迷惑をかける可能性が高い。

4-6　構造化面接法

　構造化面接法（structured interview）は個人に対する面接で，形式的面接法，標準化面接法，指示的面接法とも言う。サーベイ調査法の一種で，社会調査や世論調査におけるデータ収集法として多用されてきた。

　構造化面接法では，面接調査票（シナリオ）を前もって準備し，面接者（調査員）がインフォーマント（調査対象者）を訪問し面接する。対面して質問を読み上げ，口頭で回答を求めて記述する他記式のデータ収集法である。半構造化面接法（semi-structured interview）や非構造化面接法（unstructured interview）とは異なって，調査票のほとんどすべての質問内容や順序が厳密に決まっており，回答形式としては選択回答法が用いられることが多い（鈴木，2005）。調査票にイタリックや大文字などで記載する面接者用のインストラクションや面接に用いるカードなども準備される。面接時間は最長30分程度までである。

　近年は，面接者が面接しやすくなることを目的に開発されたCAPI

(Computer-Assisted Personal Interviewing：コンピューター支援個別面接。面接者が回答者の回答を携帯用パソコンに直接入力する面接) がマーケティング・リサーチなどでよく利用されている。CAPIでは質問の順序をランダムにしたり計算したりできるので，複数のシナリオの使用を可能にしている。カラーイメージ，サウンド，動画，動くアイコンなども提示でき，質問のしかたにおける可能性が広がっている。

1 利　点
(1) ほぼ確実に対象者本人から回答が得られるが，代理回答がまったくないわけではないので注意が必要である。

(2) 面接者が回答を記入する他記式であることから，回答の記入方法が統一されやすく，記入ミスが少なく，正確なデータを入手しやすい。他のデータ収集法よりは複雑な内容の質問が可能である。

(3) 面接者がインフォーマントの目前にいるため，質問の意図を正確に伝えやすく，逆に回答内容があいまいならその場で確認することもできる。

(4) 同一のシナリオや質問のしかたおよび回答の記録のしかたに従う標準化された調査を全インフォーマントに行うため，面接法のなかでは，面接者による影響やバイアスが少ない客観的な技法である。

(5) 客観的手続きが明確に指定され，しかも面接者がそれに忠実に従うことが強く要求されるので，面接者にもインフォーマントにも自由度の低い調査法ではあるが，信頼性の高いデータを収集することができる。

(6) 面接法ではあるが，主に量的データやカテゴリカル・データを収集するので統計的な検定を行いやすく，結果の一般化ができる（鈴木, 2005）。

2 課　題
(1) 構造化面接法では，一般にインフォーマントの数が多いため面接者も多数必要で，そのトレーニング，交通費，謝金などの費用がかかる。インフォーマントへの謝金も高額で，もっともコストが高いデータ収集法である。

(2) 全面接者（調査員）が質問の意味や意図を正確に理解し，同じ質問のしかたをしなければ，面接ごとに条件が異なり，インフォーマントに与える影響

が異なることになってしまう。調査員によるスキルの違いやエラーの発生を避けるため，面接者の教育にコストをかけなければならない。

（3）面接者が目前にいるため，インフォーマントが影響を受けて率直に回答しにくいなどの面接者効果（interviewer effect）がある。とくに，収入や思想信条や性的行動などプライバシーにかかわる質問に対しては社会的望ましさや防衛機制が働きやすいため，タテマエ的な回答になる可能性が高い。

（4）インフォーマントに直接対面できるにもかかわらず，事前に作成した質問とそれに対して想定された回答選択肢の範囲内でしか情報を得られないので，回答が画一的・表面的で，データに広がりと深みが得られにくい。

表4-6 構造化面接法の利点と課題

(1) 利　　点
1. ほぼ確実に対象者本人から回答が得られる。
2. 正確なデータを入手しやすい。
3. 質問の意図を正確に伝えやすい。
4. 面接法のなかでは，面接者による影響やバイアスが少ない客観的な技法である。
5. 信頼性の高いデータが収集できる。
6. 量的データやカテゴリカル・データが収集でき，統計的な検定を行いやすく，結果が一般化できる。

(2) 課　　題
1. コストがもっとも高い。
2. 面接者の教育にコストがかかる。
3. 面接者効果があり，タテマエ的な回答になる可能性が高い。
4. 面接のわりに回答が画一的・表面的で，データに広がりと深みが得られにくい。
5. 回答拒否や不在が増えて回収率が低下している。
6. 調査員のまちがいや不正行為によって不正確なデータを収集する恐れがある。

（5）プライバシー意識の高まりや共働き世帯の増加などにより回答拒否や不在が増えて，近年は訪問面接調査の実施自体がむずかしくなっている。以前は60〜70％前後あった回収率が50％前後に低下している。

（6）数は少ないが，調査員がまちがいや不正行為を行うことで，不正確なデータを収集してしまう恐れがある。たとえば，面接をしないで自分で回答をでっちあげる，指示通りの面接を行わない，対象者ではない別人にまちがって面接を行うなどである。

3　街頭面接法

調査票を用いる面接法には，構造化面接法以外に街頭面接法（street interview）という調査法もある。街頭や店頭で行われる対面式の調査である。面接者（調査員）が偶然出会って面接に協力してくれる人を対象とするので短期間で行えるうえに手間はかからないが，天候に左右され，対象者が偏りやすい。調査を行う曜日や時間帯や場所によって出会える人の属性が異なる可能性が高い。したがって集めたデータには偏りがある。しかし，マーケティング・リサーチでは，直接特定の場所や店に買い物目的で来た消費者を対象にして店頭で面接調査への協力を依頼できることが有利になる。

4-7　混合型調査法

本章で紹介してきたように，6つの主なデータ収集法にはそれぞれ利点と課題がある。質問紙法による調査ではどれか1つのデータ収集法を単独で採用することが多いが，回収率を高めるために，一度のデータ収集に複数の収集法を相互補完的に組み合わせて用いる混合型調査法（mixed-mode survey）(Bryman, 2016; Dillman, 2007; Dillman, Smyth & Christian, 2009）を採用することもできる。混合型調査法は，複合調査法あるいは混成調査法とも呼ばれる。たとえば，郵送調査法の回答方法をメール，ファックスにするなど，回答方法をオプションにして回答者の好む方法を選んでもらったり2種類の方法を組み合わせて用いたりすることは回収率を高める効果的な方法である（Fink, 2009; Dillman, Phelps, Tortora, Swift, Kohrell, Berck & Messer, 2009）。郵送調査を

行った後でメールによるフォローアップ調査を行うなどの組み合わせでもよい。しかし，複数のデータ収集法を組み合わせる場合，質問文と回答選択肢をデータ収集法間で統一する，集めたデータの重みづけの調整や傾向スコアによる統計的補正を行って全データを合成する，データ収集法の違いによる回答の質の違いを検討するなどの必要がある。

5 サンプリングの技法

　本章では全数調査および標本調査の紹介から始めて，主なサンプリング（標本抽出）を取り上げて概説する。サンプリングは，確率標本抽出法と非確率標本抽出法に分類される。それぞれの代表的なサンプリングに関する本章の説明を参考に，読者の調査テーマと目的，調査対象者の属性，データ収集法，予算などを検討して，もっともふさわしいサンプリング法を選んでいただきたい。

■5-1 調査対象者の選定

　質問紙を用いた調査の対象者は個人，世帯，企業，教育機関，事業所などである。調査者は，調査テーマと目的，予算，データ収集法，調査期間，居住場所，職業などの属性を考慮して対象者を選ぶ。

　調査すべき対象者全体を母集団（population）と言う。調査では，対象者の属性など母集団を明確に定義する必要がある。たとえば，「東京都在住の30代未婚フルタイム就労の女性」，もっと厳密な例では「20〇〇年4月1日現在，東京都23区内にある4年制私立大学文学部2年在籍の男女学生（前年4月入学者のみ。休学者・留年者は除く）」などである。

　調査対象者の選定には，全数調査と標本調査がある。

1　全数調査

　母集団に属する全員を対象に調査を行うのが全数調査（センサス：census）である。悉皆（しっかい）調査とも言う。全数調査の結果は母集団の結果であるから標本誤差（sampling error）がなく，統計的な検定や推定をする必要がない。しかし，全数調査の実施には費用と時間と人手がかかる。全数調査の代表例は5年に一度実施される国勢調査であるが，全数調査自体はむしろ少数からなる集団を対象

にする調査に適している。たとえば，特定の教育機関の生徒あるいは学生，企業の従業員，地域住民など，少数の母集団全員がリストに掲載されているなら，全数調査を行うのが正しい方法である。

2　標本調査

標本調査（sample survey）は，母集団の規模が大きい時に，母集団から一部の調査対象者，すなわち標本（サンプル：sample）を選び出して調査を行い，標本誤差を考慮しつつ，その標本から得られた結果をもとに母集団全体の真の値について推計する方法である。調査対象者数は，10人に満たないものから数千人規模までさまざまである。標本調査で大切なことは，選んだ標本が母集団の特性をよく表す縮図になること，できるだけ回収率が高いこと，目的とする検証が可能な回答者数を確保することである。全数調査と比較した標本調査の利点は，費用・労力・時間を大幅に節減できるので，質問項目数を増やし，集計・分析に時間と労力をかけることができる点にある。

しかしながら，近年は個人情報保護意識の高まりもあって，母集団の定義はできても構成員全員とその情報が記載されているリストを手に入れられる可能性が低くなってきた。ここで言うリストとは，たとえば選挙人名簿（有権者名簿），住民基本台帳，会社総覧，職員録・社員録，学会名簿，同窓会名簿，学生名簿，顧客名簿などである。全員の情報が掲載された完璧なリストがあっても，外部に情報を提供しない組織が増えて閲覧が困難になっている。さらに，リストが提供されても対象者本人の意思で氏名自体が掲載されていなかったり，氏名が掲載されていても所属先や住所など一部の情報が掲載されず空欄の多いものがあったり，非掲載者の属性に偏りがあったりする。

このような調査環境の変化から，全数調査だけでなくリストに基づく統計的な標本調査も近年は実施がむずかしくなっている。

5-2　サンプリング

標本調査において標本を抽出することをサンプリング（標本抽出：sampling）と言う。調査対象者を母集団から抽出（選定）する技法のことであ

る。サンプリングの技法は、精度を高めることとサンプリング作業や調査の作業を軽減することという2つの相反する目的を勘案して考えだされてきた（大谷, 1999）。一般的に、精度が高い方法は作業量が多く、精度が低い方法は作業量が少なく楽だと言える。

標本数はサンプル数とは言わず、標本の大きさあるいはサンプル・サイズと言う。サンプル・サイズは大きいほうがよいが、それだけでは不十分で、サンプルが母集団の特性や構成を正確に代表することが必要である。ちなみに、サンプル数と言う場合は、厳密には調査を実施した際の全回答者を1つのグループとしてカウントする。つまり、一度の調査で1サンプルということである。

サンプリングは、確率的に標本を抽出する確率標本抽出法と非確率的に標本を抽出する非確率標本抽出法の大きく2つに分けることができる（表5-1）。

5-3 確率標本抽出法

確率標本抽出法（probability sampling）は、母集団に含まれるすべての人が標本に選ばれる確率が等しくなるように抽出する方法である。無作為抽出法（ランダム・サンプリング）（random sampling）とも言う。調査者の主観を最小限にするためには最善の方法とされ、社会調査で用いられる代表的な方法である。サンプル・サイズは標本誤差に基づいて理論的に決める。標本抽出に調査者の主観を入れず、統計学の理論に基づいて標本誤差を算出するので、母集団全体の特性について一部の調査結果から信頼率を用いて客観的に推定できる科学的方法である。つまり、母集団がある傾向や特徴をもつということを統計的に推測・検定できる。ランダム・サンプリングの標本においてのみ精度が計算でき、標本から母集団への統計的な一般化ができる。確率標本抽出法の実施には母集団全員が記載されている選挙人名簿あるいは住民基本台帳などのリストの存在が前提となる。このリストはつねに情報が更新されていなければ、調査できない対象者が出てくることになる。

確率標本抽出法を用いた調査の実施は以前より困難になっている。従来のような標本の無作為抽出によるデータ収集が困難になり、社会調査やマーケティング・リサーチなどで長期的な回収率低下傾向が顕著になっている。特に訪問

面接調査を用いた場合にこの傾向が強い。回収率が低下すれば、無作為抽出であっても無回答の多さによるデータの歪みが生じ、特定の属性や傾向をもつ回答者のデータになってしまう。これでは母集団を代表したデータを収集できるとは言えず、調査結果への信頼性が低下する。

無作為抽出による調査の回収率低下傾向の理由としては以下のような調査環境の変化が考えられる。

(1) 協力拒否の増加

プライバシー保護意識や人権意識が高まっている一方で、皮肉なことに個人情報漏洩などのプライバシーを侵害するような犯罪が増加している。そのため電話帳や各種名簿に住所や電話番号を公表しなかったり、調査に不信感や警戒感をもって協力を拒否したり、訪問面接調査を嫌ったりする人が増えている。

(2) 不在者の増加

勤務形態の多様化や女性の就労増加によって、日中はもとより夜間の不在者も増え、訪問面接調査による回収率が低下している。

(3) 携帯電話の普及

携帯電話の普及により固定電話を使用しない人が増え、調査不能となる対象者、とくに若年世代の人々が増加している。そのため、広範囲の多様な人びとからのデータ収集が困難になって、回収率低下だけでなく標本の代表性の問題が生じている。

(4) 無作為抽出法による調査実施のむずかしさ

2005年の個人情報保護法の施行と2006年の住民基本台帳法の改正を契機に、従来標本抽出台帳として用いられてきた住民基本台帳と選挙人名簿の閲覧に、プライバシー保護の観点から制限が加えられたり閲覧料金を払わなければならないことが増えている。その結果、無作為抽出法による調査の実施自体がむずかしくなっている。

主な確率標本抽出法を以下に紹介する。

1 単純無作為抽出法

単純無作為抽出法（simple random sampling）は，母集団全員に番号をつけ，抽出する標本の数だけ乱数表をひいて（あるいはコンピューターで乱数を発生させ），その番号の個人を標本として抽出する方法である。標本を得るもっとも基本的な方法であり，もっとも精度が高い。しかし，全構成員の掲載されたリストを得ることがむずかしいうえに，抽出作業が煩雑で，経済的ではないのであまり行われない。たとえば，会社の従業員調査では，社員名簿に番号をふって，必要な標本数と同じ回数乱数表をひかなければならない。

2 系統抽出法

系統抽出法（等間隔抽出法）（systematic random sampling）は，単純無作為抽出法と同じく，母集団の全員に番号をつけ，はじめの1標本（スタート番号）だけを乱数表で無作為に選び，残りは等間隔で選んでいく方法である。多数の調査対象者から抽出する場合，まず全員に番号をふらなければならない。さらに，抽出された対象者のいる所が地理的にばらばらであると，調査に大変な時間がかかる。そのような課題を補うのが次の方法である。

3 多段抽出法

多段抽出法（multistage sampling）は，たとえば学校とクラスのように，ある集団がいくつかの比較的均質な下位集団に分かれていることがわかっている場合，まず下位集団のクラスのうちいくつかを抽出し，次にその中から標本を無作為に抽出する方法である。調査対象の母集団が膨大で，全構成員に通し番号がつけられない場合，つけられても抽出間隔が大きく標本抽出の作業量がたいへんな場合，抽出された対象者が広範囲に散らばって訪問調査が困難な場合などに使用すると便利である。調査地域が狭まれば，調査費用が少なくてすむ。しかし，この方法では抽出段階が増えるごとに標本誤差が増して精度が低くなり，特定の属性をもった対象者がとりこぼされる恐れがある。その課題を補うのが次の方法である。

4 層化抽出法

層化抽出法（stratified random sampling）は，母集団全体の統計的属性比があらかじめ確実にわかっている場合に用いられる方法である。母集団全体から単純無作為抽出法で標本を選ばず，母集団の性や年齢や職業や居住地などの構成比に基づいて対象者をいくつかの層あるいはグループに分け，各層ごとに独立に無作為に抽出する。層化することで標本が特定の層に偏ることを防ぐ。単純無作為抽出法や系統抽出法の場合に比べ，母集団の構成により近い標本が得られるため，少ない標本でも精度が高くなる。多段抽出法と組み合わせて層化多段抽出法として全国調査や世論調査でよく使用される方法である（大谷，1999；左藤，2009）。

5-4 非確率標本抽出法

非確率標本抽出法（nonprobability sampling）は，標本が母集団から抽出される確率が不明であるので，非確率標本と言う。調査対象者に関する情報が十分でない場合，たとえば母集団の名簿がなく全体数もわからない場合でも抽出が容易で，調査にかかる費用や時間が比較的少なくてすむのが利点である。一方，標本の代表性が保証されず，得られた結果の誤差も評価できない。統計的推定に意味がなく，結果の一般化がむずかしいため，予備調査や仮説生成型調査に向くとされている。しかし，最近は無作為抽出法による調査が困難になりつつあることから，非確率標本抽出法を用いる機会が増えている。インターネット調査法の急速な浸透がその典型例である。

主な非確率標本抽出法を以下に紹介する。

1 便宜的抽出法

便宜的抽出法（convenience sampling）は偶然法（haphazard sampling）とも言う。街頭で歩いている人々を呼び止めるように，偶然にその時間にその場に居合わせて質問に回答してくれる対象を標本として抽出する。高校や大学のクラスの生徒や学生を対象にした調査もこの抽出法に分類される。データは短期間で集められ，便利で費用のコストは低いが，リスクが高く精度の低い方法

で，標本の代表性は期待できない。他に方法が見つからない場合以外は使うべきではないとされる（Babbie, 2001）。しかし，質問紙の予備調査にはしばしば用いられる（Aaker, Kumar, Day & Leone, 2011）。

2　応募法

応募法は，たとえば雑誌や本に綴じ込まれた愛読者カードを返送してくれた人，電話や FAX で自主的に参加する視聴者，募集に応募してきたモニターなどを対象者とするような方法である。応募法の問題点は，積極的に回答してくれる人以外は対象者にならないため，標本の偏りが大きく代表性が保証されないこと，回答者は一般の人々に較べてテーマに対する知識が豊富でかつより強い興味をもっていることである（Visser, Krosnick & Lavrakas, 2000）。インターネット調査法における標本抽出は応募法の一種である。

3　有意抽出法

有意抽出法（judgmental sampling, purposeful/purposive sampling）は，調査者が何らかの判断，意図，基準に基づき，特定の属性をもっていると思われる，母集団を代表する典型的な対象者を任意に選び標本とする方法である。回答を求めやすい人を対象にして調査を行うので実施が容易ではあるが，主観的判断に基づいて調査対象者を選んでいるので標本の代表性が保証されず，結果の一般化がむずかしい。しかし，標本が 10 未満のようにごく少数でよい調査なら，デモグラフィック特性や行動特性などの客観的に判断できる特性がもっとも代表的だと思われる標本を注意して選ぶことで，確率標本抽出法より信頼性や代表性の高い標本になる（Aaker, Kumar, Day & Leone, 2011）。

4　機縁法・雪だるま法

両法とも有意抽出法の一種であるが，調査前に調査対象者の存在が顕在化していない場合に用いられる。機縁法は，調査者が便宜的に身近で手軽に依頼しやすい人びと，すなわち知人や友人や同僚や知り合いを標本にする，あるいは医者が自分の患者を対象にするなど，ネットワークを通じて協力してもらえる人や組織を標本とする。労力や費用や時間のコストが低く便利である。

雪だるま法（snowball sampling）は希少標本を対象にした調査で用いられる。最初に選んだ数名の調査対象者からそれぞれ紹介してもらって次の標本を選ぶというイモヅル式の方法である。

5　クオータ法

クオータ法（quota sampling）は割り当て法とも言われ，非確率標本抽出法のなかでもっともよく知られているものである。有意抽出法の一種で，マーケティング・リサーチによく用いられる。性，年齢，職業，居住地など調査テーマとかかわりがあると思われるいくつかの基本的なデモグラフィック特性を選び，母集団の構成比率と等しくなるように各属性ごとにあらかじめ標本数を割り当て，厳格な無作為抽出なしに割り当て数だけ標本を集める。たとえば回答者の男女の比率を母集団の男女の比率と同じにする，年齢構成の比率を母集団と同じにするなどである。考慮に入れない属性については有意抽出を行う。

クオータ法では，回答者のすべての属性について母集団の構成比率と同じにすることはできないので，結局は標本の代表性が保証されない。しかし，無作為抽出による調査で母集団全員のリストが手に入らない時には，この方法が採用されることが多い。その場合，各標本の抽出確率はわからないので統計的推定はできず，調査結果の標本統計量をそのまま母集団の統計量とみなす（原, 2009）。

表5-1　確率標本抽出法と非確率標本抽出法

I.　確率標本抽出法

1　単純無作為抽出法
　母集団の全員に番号をつけ，抽出する標本の数だけ乱数表をひいて，その番号の個人を標本として抽出する。標本を得るもっとも基本的な方法で，精度がもっとも高い。

2　系統抽出法（等間隔抽出法）
　母集団の全員に番号をつけ，はじめの1標本だけを乱数表で無作為に選び，残りは等間隔で選んでいく。

3　多段抽出法
　ある集団がいくつかの比較的均質な下位集団に分かれていることがわかっている場合，まず下位集団のうちのいくつかを抽出し，次にその中から標本を無作為に抽出する。

表5-1 確率標本抽出法と非確率標本抽出法 (続き)

4 層化抽出法
　母集団の性や年齢や職業や居住地などの構成比に基づいて対象者をいくつかの層に分け，各層ごとに独立に無作為に標本を抽出する。

II. 非確率標本抽出法

1 便宜的抽出法（偶然法）
　偶然にその場に居合わせて質問に回答してくれる対象を標本として抽出する。

2 応募法
　募集に応募してきたモニターのような，積極的に回答してくれる人を標本とする。インターネット調査法は応募法の一種である。

3 有意抽出法
　調査者が何らかの専門的判断，意図，基準に基づき，母集団を代表すると思われる典型的な対象者を任意に選び標本とする。

4 機縁法・雪だるま法
　両法とも，調査前に調査対象者の存在が顕在化していない場合に用いられる。機縁法は，調査者が便宜的に身近で手軽に依頼しやすい人びとを標本にする，雪だるま法は希少標本を対象にした調査で用いられる。最初に選んだ数名の調査対象者からそれぞれ紹介してもらって次の標本を選ぶ。

5 クオータ法（割り当て法）
　調査テーマとかかわりがあると思われるいくつかの基本的な属性を選び，母集団の構成比率と等しくなるように各属性ごとにあらかじめ標本数を割り当て，厳格な無作為抽出なしで割り当て数だけ標本を集める。マーケティング・リサーチでよく用いられる。

5-5　今後のサンプリングのありかた

　以上見てきたように，確率標本抽出法では，母集団がある傾向をもつということを数値によって推測できるものの，調査には母集団全員が掲載されたリストが必要である。しかし，先にも述べたように，近年はリストの閲覧がむずかしくなったうえに，プライバシー保護のために情報の欠落が多くなって調査の有効性が低下している。回収率も低下している。しかも確率標本抽出法を用い

た調査には多額の費用と時間と人手がかかる。有意抽出法，クオータ法などを用いて，母集団を代表する属性をもつ多数の人々を慎重に対象に選んで調査を行い，変数間の関連を明らかにすることをめざすほうが現実的になってきたと言えよう。

　しかしながら，有意抽出法，クオータ法などを用いた場合は，データ解析の結果の解釈に注意が必要である。結果の一般化のためには，母集団をよく代表する対象者をできるだけ多数選んで有効回収率を高め，実情にあった正確なデータを収集するだけでなく，何度も調査を繰り返した結果を比較し，妥当な結果かどうかを総合的に判断することが求められる。時間をかけて調査を継続して行うことが肝要である。あるいは，質問紙調査の結果を事例研究や追試のように扱って（南風原, 1995；山田, 2007），他の研究者の調査結果と比較検討することで結果の一般化の可能性をさぐる。

6 調査実施に向けての準備

　質問紙法による調査を実施してデータを収集するためには，質問紙デザイン以外に調査実施に向けて計画や準備をしておくべきことがいくつかある。こちらがスムーズに進まないと，肝心の調査実施のプロセスが滞ってしまう。

　そこで本章では，質問紙法による調査を成功させるために必要な付随的準備として，挨拶状・推薦状，第三者へのデータ収集の依頼，ブリーフィング・ディブリーフィング，宛名ラベル・返信用封筒，フォローアップ・コンタクト，謝礼の方法，問い合わせ・苦情への対応の7項目を取り上げて概説する。

6-1　挨拶状・推薦状

1　挨 拶 状

　挨拶状は，依頼状，添え状（cover letter, covering letter）とも呼ばれる。調査の概要を説明し協力を依頼する手紙である。挨拶状の第1の目的は，調査者および調査に関する情報を掲載することで，調査対象者の抵抗感や警戒感をなくし安心して回答してもらうことである。挨拶状のフォーマットや調査内容の紹介のしかたは，回答するかどうか，全問に答えるかどうかという調査対象者の決定にかなりの影響を与える（Sarantakos, 2013）。第2の目的は，後で調査に関する情報が必要になった時のために回答者の手元に残すことである。挨拶状を使用せず，質問紙の表紙を挨拶状を兼ねたものにすることもある。

　集合調査法では調査開始前に会場で挨拶状を配布する。郵送調査法の場合は，挨拶状を質問紙と一緒に送る。別の方法として，調査の1週間から3日ぐらい前までに調査対象者に予告の意味で挨拶状をあらかじめ送付し，後日質問紙を送る旨を知らせておくこともできる。この方法をとる場合は，調査実施までにあまり間があかないほうが効果がある。

挨拶状は長くては読んでもらえず効果が発揮できないので，要点を1ページ以内に収まるよう工夫して書く。内容は以下のようなものであるが，質問紙冊子の表紙の内容と重なるものが多い。以下の項目順序は変更しても問題はない。具体的な挨拶状および表紙については図9-1および図9-2を参照されたい。

(1) 時候の挨拶
(2) 調査タイトル（調査テーマ）・目的（用途）・意義
(3) 調査対象者を選んだ理由と手続き
(4) 回答者への配慮（プライバシー保護・守秘義務履行の約束・匿名性の保障およびこれらの実施方法，回答拒否および回答中断の承諾，調査結果を希望者に送付する旨の説明）
(5) 質問項目数とおよその回答所要時間
(6) データ回収法（返送法），締め切り日
(7) 予定している調査結果の発表先
(8) 謝礼の内容（謝礼がなければ記述する必要はない）
(9) 再度の協力依頼と謝辞
(10) 発送年月日
(11) 調査主体あるいは調査責任者の所属先，住所，氏名，役職，問い合わせ先（固定あるいは携帯・スマートフォンの電話番号，FAX番号，PCあるいは携帯・スマートフォンのメール・アドレス，URL）

なお，構造化面接法の挨拶状については鈴木（2005）を参照されたい。

2 推薦状

絶対に必要というわけではないが，調査対象者にかかわりのある，影響力や権威のある人物あるいは組織に，調査協力への推薦状を書いてもらうことがある。調査への理解と信頼を深め，回収率をある程度高めるのに功を奏する方法である。とくに，企業や学校や病院など組織で調査をする場合は，当該組織の管理職や経営者などに推薦状を書いてもらい，それを質問紙と一緒に調査対象者に渡すあるいは送付すると効果がある。

6-2 第三者へのデータ収集依頼

1 協力の依頼

　質問紙は，必ずしも調査者が直接調査対象者に手渡したり郵送したりするばかりではない。第三者（協力者）に依頼して配布してもらうこともある。たとえば，学校の教員や企業・組織の知人などに頼んで，その人物の教えている生徒・学生とその親や企業従業員・組織メンバーを調査対象者にすることがある。

　第三者に協力を求めたい場合は，調査前に手紙あるいは電話，メール等で当該人物に連絡をとり，調査で用いる質問紙と挨拶状をもって直接会いに行く。調査テーマ・目的・意義，調査内容，スケジュール，調査結果の発表方法などについて説明したうえで協力を依頼する。承諾が得られたら，質問紙の配布方法と回収方法と手順について相談し，第三者の負担ができるだけ少ない方法を採用する。また，回答者の匿名性，個人情報やプライバシーを守るための簡単な個人情報管理マニュアルなどを持参して，方針を説明しておくとトラブルを防ぎやすい。

2 質問紙の配布と回収

　第三者に質問紙配布を依頼する場合，対象者数分の挨拶状，質問紙の冊子，回答済み質問紙を入れてもらう封筒（封入口にあらかじめのりづけしてあって，テープを剥がして封をするもの）を調査実施日の2，3日前までに持参あるいは郵送しておき，当日配布してもらう。回答が終わった質問紙は封筒に入れて回答者自身に封をしてもらう。第三者に回答内容を見られるのではないかと回答者が心配せず，自由に回答してもらえるようにするためである。

　回答済み質問紙の回収については，次の3つの方法がある。

　(1) 配布を頼んだ協力者に直接回収してもらい，後日受け取りに行くか郵送してもらう。

　(2) 学校や職場のよく使用される場所に箱を備え付けて，回答者に投函してもらう。それを回収してもらっておき，後日受け取りに行くか郵送してもらう。あるいは自分で回収する。

　(3) 回答済み質問紙を入れる封筒にあらかじめ返送の宛先を印刷し，切手も

貼っておき，各回答者に直接ポストに投函してもらう。

3 調査実施後のお礼

調査実施後には直接訪問して協力へのお礼を述べる。それが無理なら，礼状を送ってもよい。報告書ができたら協力先を訪れて手渡しする。直接訪問できなければ，お詫びの手紙を同封して報告書を送付する。それが感謝の気持ちを伝えることになる。

6-3 ブリーフィング・ディブリーフィング

ブリーフィングおよびディブリーフィングを行う必要があれば，事前にシナリオを作成しておく。

1 ブリーフィング

集合調査法のように調査対象者に集まってもらって回答を依頼する場合あるいは個別の面接調査を行う場合，調査開始前に調査についてごく簡単に説明し，理解，納得，調査協力への同意を確認する必要がある。これをブリーフィング（briefing）と言う。確認は文書によるものが正式であるが，口頭による同意を得たり，とくに反対がなければ同意を得たものとみなすことが多い。挨拶状をその場で配布するにしても，確認のためのブリーフィングを別途行ったほうがよい。そのため，なにをどのように説明するかについて事前に決めておく。

一般的には，調査者（調査員）の自己紹介と挨拶をした後に（挨拶状および）質問紙を配布してからブリーフィングを行う。調査目的や意義，回答方法，所要時間，回収方法，回答者のプライバシー保護の方法などに加えて，回答が自発的なものでいつでも参加をとりやめてよいこと，途中で回答中止をしても不利益は生じないことを伝える。続いて質問紙（冊子）のページ数や印刷状況の確認をしてもらってから，回答を始めてもらう。

2 ディブリーフィング

ディブリーフィング（事後説明：debriefing）は，調査実施前に調査目的やテ

ーマについて事実を明らかにできなかった場合，質問紙の回収後に行う説明とお詫びである。まず調査協力へのお礼を言うとともに，事実を知らせなかった理由を述べ，調査の真の目的等について改めて説明し，謝罪する。この際に回答者から質問があれば答える必要があるので，その対応策を検討しておく。回答者が多ければ，全員後に残ってディブリーフィングに参加してもらうことはむずかしいかもしれない。そのような時のことも想定して，説明内容を紙面で配布できるよう準備をしておくとよい。

6-4 宛名ラベル・返信用封筒

1 宛名ラベル

　郵送調査法では，調査対象者に質問紙を送付する封筒には宛先を書いたラベルを貼ることが一般的になっているが，宛名や住所を間違えないよう注意する。とくに氏名あるいは氏名の漢字を間違えることのないよう配慮し，確認しておく。小さいけれど，このようなミスが調査への信頼を失わせ，協力拒否につながる可能性がある。

2 返信用封筒

　郵送調査法では，返信用封筒に返信先住所と宛名を前もって記載し，料金分の切手を貼付しておく。料金受取人払いにするより，切手を貼付しておいたほうが回収率は高い（Mangione, 1995; Oppenheim, 1992）。封筒は，封入口のテープを剥がせば簡単に封ができるものにする。回答者に自分でのりづけして返信する手間をかけてもらうことは回収率を下げる。また，返信のために質問紙を無理におりたたんで封筒に入れる必要のないように，最初から折り目をつけておくか，予算があれば，たたまなくてもそのまま入れられる質問紙サイズの返信用封筒を使用する。

6-5 フォローアップ・コンタクト

1 フォローアップ・コンタクト

　郵送調査法による調査を行って回収率が高まらない時，未回答の調査対象者に回答を再度依頼することをフォローアップ・コンタクト（follow-up contact）と言う。リマインダー（reminder）とも呼ばれる。手紙あるいはハガキを送付することが多いが，これらを督促状（reminder card）と言う。督促状の他に，電話，ファックス，メール，直接会って依頼という方法もある。フォローアップ・コンタクトによって最終的な回収率が少なくとも50％を超えるように努めたい。そのためには，調査実施前に計画を立て準備をしておこう。

2 回答者とそれ以外の調査対象者の区別のしかた

　督促状は，基本的にまだ回答していない人にのみ送付するのが原則であるが，匿名での回答を求め，だれが回答してくれているかわからない場合には，全対象者に送付することになる。つまり，すでに回答済みの人や最初から回答するつもりのまったくない対象者にまで督促状を送ることになる。回答済みの人にフォローアップ・コンタクトをとることを避けるためには，質問紙と一緒に，回答者の氏名を書いた（プリントアウトした）ハガキを送付し，質問紙を返送する際に，別にハガキも送付してもらう。こうすれば，回答者の匿名が守れるうえに，だれが回答済みであるかを把握できる（Lehtmets, 2010）。

3 フォローアップ・コンタクトの文面

　学術調査であっても，調査者側の都合で勝手にサンプルとして対象者を選んで回答を依頼しているという立場を考えれば，調査者にはそれほど強く回答を求める権利はない。その点も考慮して，フォローアップ・コンタクトは2度程度にとどめ，文面はできるだけソフトな依頼にする。約束どおり返すよう催促する便りという督促状の名称そのものが，回答して当然という調査者側の考え方を表しているので，再依頼状あるいは追加依頼状などの名称を用いたほうがよいと思われる。

　具体的なフォローアップ・コンタクトの文面としては，回答者と未回答者

を含む場合は,「このたびは調査へのご協力をどうもありがとうございました。おかげさまで貴重なデータを収集することができました。調査結果は学会にて発表させていただきます。」などとお礼とデータ使用の予定を述べ,未回答者向けには,「まだご回答をいただいていない場合は,ぜひともご協力をよろしくお願いします。新たな締め切りは○月○日です」のような文章を加える。未回答者のみ宛てなら,調査の重要性と回収率の高さの必要性について再度簡単に説明しておこう。文末には,挨拶状の最後と同様に,調査主体の氏名や連絡先を書いておく。

対象者が質問紙を紛失してしまったり破棄してしまったりしているかもしれないので,冊子あるいはコピーが薄い場合は,再依頼状とともに新しいものを送るという方法もある。しかし,冊子が分厚い場合は,先に送付したものが対象者の手元に残っていると余計に回答意欲が薄れることもあるうえに,追加の印刷やコピーをすることが必要であれば予算も考慮しなければならない。郵送料もかかる。新しい冊子を同封するかどうかは送付前によく検討する。

4　いつフォローアップ・コンタクトをとるか

最初に質問紙を送付して1週間から10日ほどの間にもっとも返信が多くピークを迎えるので,その山を越えた10日目頃に一度目の再依頼状を発送する。二度目を発送する必要がある場合は締め切り直後にすると効果的である。別の方法としては,締め切りの数日前に一度目,締め切り直後に二度目の再依頼状が届くように送付しても効果が上がるが,どちらか一度でも構わない。締め切り日をすぎると質問紙を紛失したり破棄していることもありうるので,あまり時間がたってからではタイミングとしてはよくない。

6-6　謝礼の方法

調査に協力してもらった回答者にいつどのように感謝の気持ちを示すかについては,これが正解という方法はない。さまざまな方法があるので,調査目的や調査対象者の属性や予算状況を考慮し,経験者にも相談し,調査ごとに個別かつ総合的に判断するしかない。以下にいくつかのタイプの対処法を紹介する

ので検討の参考にしていただきたい。

1 マーケティング関連の調査

マーケティング関連の調査や調査機関の調査なら，図書カードなどで謝礼を支払うことが当然になっている。インターネット調査法では，謝礼ではなくポイント・システムになっているところがある。企業の調査では自社商品を提供することもある。

2 学術調査あるいは学部・大学院学生が行う調査

助成金で謝礼の計上が認められればお礼をする。しかし，学術調査や学部・大学院学生が行う調査の場合は，調査結果の概要・報告書などを後日送付して感謝の気持を伝えることで十分かもしれない。謝礼については明らかな決まりはないので，状況に合わせて検討する。

謝礼・謝品を渡したいという場合，調査者の社会的立場や予算によってその内容は自ずと異なる。社会人の調査者は一般にボールペンなどの文房具（300円〜500円程度）や図書カード（500円〜1,000円相当程度）を送ったりする。この他，回答者の中から抽選で何名かに賞品があたるという謝礼のスタイルもある。

学生が同じ学生の調査対象者に回答を求める場合，謝品を渡したければ，回答者ひとりにつき50円〜100円程度のお菓子，クリアファイルやボールペンなどの文房具類を準備しておき，回答してもらった人に協力へのお礼を言いながら手渡すとよい。

学生が企業や出身校などで調査を実施する場合は，各回答者に個別の謝礼はせず，間に立って質問紙を配布してもらう協力者の方々に菓子折りなどを持参してお礼を言うことで十分であろう。ただし，調査結果の報告書は必ず提出する。

3 謝礼・謝品を渡すタイミング

集合調査法，留め置き調査法，構造化面接法なら直接現場で回答者に渡すことができる。インターネット調査法ならポイントで支払ったり，メールでク

ーポン券や割引券や引換え券を送付ことができる。しかし，郵送調査法の場合，謝礼の額や品物の決め方もむずかしいが，いつ送るかということでも迷うことが多い。それでも，謝礼・謝品を送ることは回収率を高める1つの方法であるので，送ることを検討したほうがよいであろう。

郵送調査法では，最初に質問紙を送付する際に全調査対象者に謝礼・謝品を同封する方法と，回答が返送されてきてから回答者のみに送付する方法がある。それぞれの問題点を指摘しておくので，読者が個別に検討していただきたい。

(1) 全調査対象者に質問紙と謝礼・謝品を一緒に送る。

先に謝礼や謝品を送ることの効果と弊害についてはさまざまな調査結果があるが，回収率を上げるには効果があるとされている (Bryman, 2016; Fowler, 2014; Mangione, 1995)。しかし予算がかかるという問題が大きい。また自発的な協力ではなく回答を強制するような印象を調査対象者に与え，かえって不快に思われる可能性がある。さらに，回答者と非回答者を同等に扱うという問題も生じる。

(2) 後日回答者のみに謝礼・謝品を送付する。

送付するためには回答者の氏名と住所が必要なため完全な匿名性の保障ができないという問題と，一部に匿名の回答者がいた場合には謝礼を送れないという問題がある。回答者にだけ後から謝礼・謝品を送るためには，フォローアップ・コンタクトでも触れたように，最初に質問紙を調査対象者に送る段階ではがきを同封し，住所と氏名を記入したうえで質問紙の返送とは別にはがきを送ってもらう方法をとることが1つの解決法である。

■6-7 問い合わせ・苦情などへの対応

1 対応の必要性

調査実施前の挨拶状あるいは再依頼状が届くと，調査内容や調査者（調査主体）についての問い合わせ，協力拒否や苦情の電話がかかってきたりメールが届いたりすることがあるので，あらかじめ対応の準備が必要である。問い合わ

せなどの内容には予測できるものが多いので，簡単な対応マニュアルや個人情報管理マニュアルを事前に作成しておくとスムーズに対処できる．

　プロジェクトやグループで調査を実施している時には，だれが主たる責任をもって対応するかをあらかじめ決めておくことが大切である．問い合わせや苦情への対応は調査責任者が行うことがもっとも望ましいが，それが無理なら，プロジェクトに参加していて全般的な調査状況を把握できている人物が対応するべきである．

2　対応のしかた

　電話でもメールでも，連絡をもらった際の調査者側の対応がマナーをはずれないようにする．対応者の氏名，調査プロジェクトにおける立場を相手に伝えることはもちろんのこと，連絡してもらったことへのお礼のことばを忘れてはならない．挨拶状を無視するのではなく，問い合わせや苦情という形で，きちんとコミュニケーションを返してきてもらっているからである．

　同種の問い合わせや苦情に対して，人によって対応内容にばらつきが出ることのないよう調査者側の連絡を密にする，あるいは対応マニュアルを利用しよう．単純な問い合わせの場合は事実を説明するだけであるので問題はない．もっとも多いのが，「ぜったい回答しなければならないのか」「どんな質問内容なのか」「なぜ自分が調査対象者に選ばれたのか」などである．このような問いには丁寧に説明することで自発的な協力を再度依頼する．しかし，調査対象者がこのような問い合わせをする必要がないように，挨拶状に説明をきちんと書いて納得してもらっておくことが調査対象者への気配りの一端として非常に重要なことである．なお，単純な問い合わせには，時に「対象者が海外赴任中あるいは入院中で不在である」という家族からの連絡が混じることもある．このようなケースはどう扱うかについても事前に検討しておいたほうがよい．

　問い合わせや苦情の内容が込み入ったものであれば，できるだけ速やかに調査責任者から相手に折り返し連絡をとり，内容を再確認して，さらに詳しい説明や責任者としての判断を伝える．

3　協力拒否の連絡の場合

　最初から協力拒否の連絡を受けたら，まずその理由をたずねてそれに対応する説明を行い，さらに協力の必要性を丁寧に述べる。それでも拒否されたら，それ以上強引に依頼することはせず，お詫びとお礼を伝えたうえで，当該対象者を質問紙送付先リストから削除しておく。協力拒否の理由には調査内容や調査者の研究姿勢における問題点を鋭く指摘するような内容が含まれている可能性があるので，拒否の理由を書き留めておき，後で慎重に検討しよう。

7 倫理的ガイドライン

　前章までは，質問紙法による調査デザインの技法について説明し，各プロセスで調査者が倫理的に配慮すべき点についてはその都度個別に紹介してきた。本章では，質問紙法を用いた調査において調査者が心がけるべき倫理的配慮について総合的かつ詳細に説明する。

　具体的には，回答者の自発的な協力に基づく調査の実施という基本原則に従い，1) インフォームド・コンセント，2) 匿名性の保障とプライバシー・個人情報・人権の保護，3) 回答者の権利という3つの視点から配慮内容をガイドラインとしてまとめる。また，既存尺度を使用する場合の倫理的配慮についても説明し，最後に今後の動向についての見通しを述べる。

7-1　倫理的配慮の必要性

　質問紙法による調査は，回答者の自由意志に基づく自発的な協力によって回答を得ることが基本原則である。調査者が回答の無理強いや強制をすることはできない。調査に関する客観的な情報を誠実な態度をもって事前に提供したうえで，調査対象者に「すすんで調査に協力したい」気持ちになってもらい，回答後には「協力してよかった」「調査から学ぶことがあった」と思ってもらえることが望ましい。調査者は，回答者との間にパワー・インバランスがあることを自覚したうえで，貴重な情報をいただくという謙虚な態度と協力への感謝の気持ちをもち，回答者に迷惑をかけないように倫理的配慮をしながら調査を実施する。質問紙調査に協力することで，回答者が「利用された」「使われた」などの不快感をもったり，不利益を被ったりすることがあってはならない。

　倫理的配慮は，調査者の義務として回答者を守るためにのみ存在するのではない。調査する側を守るためにも存在している。適切な倫理的配慮が行われて

いるという認識は，できるだけ正しい情報を調査者に提供しようという回答者の協力意欲を高める。逆に，倫理的配慮に欠けた調査に協力することによって何らかの不利益を被った回答者は，その調査者が行う将来の調査に二度と協力しなくなるばかりか，調査全般に不信感をもってしまう。調査者自身が調査環境を悪化させることを防ぐためにも，倫理的配慮は必要である。

以下に，質問紙法による調査における回答者に対する倫理的配慮について，インフォームド・コンセント，匿名性の保障とプライバシー・個人情報・人権の保護，回答者の権利の3つの視点からまとめる（表7-1）。

7-2　インフォームド・コンセント

調査に協力して回答するかしないかを最終的に判断する権利は調査対象者にある。その判断の材料として，調査前に調査者が必要十分な情報を調査対象者に提供して手続きの透明性を高め，理解，納得，同意してもらうことがインフォームド・コンセント（informed consent）である。説明は挨拶状（依頼状）で行い，重要な点は質問紙の表紙にも重ねて記述しておく。ブリーフィングの場では説明の理解，納得，協力への同意を確認したり，補足的説明を行ったりする。

1　インフォームド・コンセント成立のための2つの要件

インフォームド・コンセントが成立するためには次の2つの前提が満たされる必要がある（鈴木, 2005）。

(1) 調査者が調査対象者に調査に関する十分な情報を提供し説明責任を果たす。

調査者は，調査対象者が調査に協力して回答するかどうかの判断に必要な情報をわかりやすく平易に説明する責任，すなわち説明責任を果たす。調査対象者への説明はできるだけ挨拶状，質問紙の表紙などの文書で行う。専門用語は可能な限り使用しない。

(2) 調査者と調査対象者の関係は対等である。
　調査者と調査対象者の関係は同意に基づく対等なものであり，調査への参加は対象者の自由意志による。

2　調査者の果たすべき情報提供と説明責任の内容

(1) 調査者に関する情報
　調査者（調査主体）の氏名・所属先・役職・問い合わせ先，調査者以外に責任者がいればその氏名などを明らかにする。

(2) 調査内容に関する概略的情報
　調査のプロセス・テーマ・目的・意義，質問内容，回答にかかる時間などについて，事前におおまかに説明しておく。調査の目的や意義については，あらかじめ全面的に開示してしまうと回答内容に影響を与える場合もあるので，どの程度かつどのような事前の開示が適切かは個別に判断する。

(3) 調査対象者として選ばれた理由
　なぜ調査の対象者に選ばれたのか，その理由について，たとえば同窓会名簿や対象者の所属先名簿から抽出したなどの説明が必要である。

(4) 匿名性を保障し，プライバシー・個人情報・人権を保護するための方法
　回答者の匿名性をいかにして保障し，守秘義務（confidentiality）を履行してプライバシー・個人情報・人権をどのように保護するのか，この点を明らかにしなければ率直な回答は得られない。回答してもらえたとしても回答者の信頼は獲得できず，結果として質の高いデータは収集できない。プライバシーとは，一人ひとりがもっている私事，私生活，または秘密のことである（佐久間，2007）。

(5) 回答者の権利
　回答者がプライバシー・個人情報・人権を守るために行使できる権利を示す。

(6) 調査への協力の有無が利益あるいは不利益をもたらさないこと

調査に協力することあるいは協力しないことが，調査対象者に個人的な利益あるいは不利益をもたらさないことを述べる。たとえば，クラスでの調査に参加するしないによって成績に差がつかないことを明らかにする。

(7) 調査に協力することのリスクと利点

もしあれば，調査に協力することによって起こりうる心理的に不快なことや経済的あるいは社会的リスクを事前に説明しておく。たとえば，プライバシーに立ち入る可能性のある質問が含まれている場合には，その旨をあらかじめ伝える。逆に，調査に協力することで科学的な知識が得られたり，謝礼がもらえたりなど，なんらかの利点があればそれも説明しておく（Owens, 2010）。

(8) 調査結果の報告

回答者の希望があれば，調査結果の報告書あるいは概略を提供する。

(9) 調査結果の使用目的・公表先と時期の予定

調査結果の使用目的，予定している公表先と時期を簡単に知らせる。

(10) 調査への助成内容と助成機関名

調査の実施に際して助成を受けていれば，助成内容と助成機関名を明らかにする。

(11) 謝礼・謝品の有無とその内容

謝礼あるいは謝品がある場合はその内容について伝えておく。

以上の点を伝えて，質問があれば受けて説明し，納得してもらったうえで同意を得ることになる。正式には，質問紙とともに調査参加への同意書（consent form）も渡し，署名と日付けの記述を依頼することが必要であるが，質問紙法による調査の場合，通常は回答してもらうことが同意を得たことと同義であると解釈し，改めて同意書を求めることはしない。対象者が子ども，高齢者，障

表7-1 質問紙法による調査における倫理的ガイドライン

1 インフォームド・コンセント（調査者の果たすべき情報提供と説明責任の内容）
(1) 調査者に関する情報
(2) 調査内容に関する概略的情報
(3) 調査対象者として選ばれた理由
(4) 匿名性を保障し，プライバシー・個人情報・人権を保護するための方法
(5) 回答者の権利
(6) 調査への協力の有無が利益あるいは不利益をもたらさないこと
(7) 調査に協力することのリスクと利点
(8) 調査結果の報告
(9) 調査結果の使用目的・公表先と時期の予定
(10) 調査への助成内容と助成機関名
(11) 謝礼・謝品の有無とその内容

2 匿名性の保障
(1) 回答は無記名で求める。
(2) 公表に際して匿名性を保障する。
(3) データを匿名化して管理・分析する。
(4) 第三者に質問紙の配布と回収を依頼した場合も匿名性を保障する。
(5) 回答者の所属先組織が調査にかかわっている場合も匿名性を保障する。
　①質問紙への回答は無記名で行ってもらう。
　②回答者が特定できないような方法で回答済みの質問紙を収集する。
　③回答済みの質問紙は調査関係者以外の人の目にふれないように保管する。
　④回答済みの質問紙は研究成果公開終了後5年がすぎたら廃棄する。
　⑤調査で収集したデータは調査目的以外には使用しない。
　⑥結果公表に際しては，回答者が特定されないようにする。

3 プライバシー・個人情報の保護
(1) プライバシーにかかわる質問，デリケートな内容の質問は慎重に扱う。
(2) 個人情報（データ・記録）を安全に管理する。
(3) データ使用を制限する。

4 回答者の人権の保護
(1) 回答者の人権，人格，名誉，自己イメージを保護する。
(2) 質問内容に注意する。

5 回答者の権利
(1) 調査への協力を拒否する権利
(2) 調査内容に関して質問をする権利
(3) その他の権利

害や疾患をもつ人などで，自由意志による調査への参加の判断ができない場合は，保護者や後見人からの文書による同意が必要である。

■7-3 匿名性の保障とプライバシー・個人情報・人権の保護

　調査に協力し回答することが回答者の不利益になるような，あるいは迷惑になるような結果を招かないことが，調査者の守るべき基本的な倫理的ガイドラインである。回答者の匿名性を守り，守秘義務を履行し，プライバシー・個人情報・人権を保護する方法を検討しておこう。質問紙法による調査は特定集団に所属する複数の個人を対象に行われるので，比較的匿名性を保障しやすく，プライバシー・個人情報も守りやすいが，個人情報管理マニュアルなどを作成しておくとよい。

　以下に，基本的な倫理的ガイドラインをいくつか紹介しておこう。

1　匿名性の保障

　インフォームド・コンセントと並んで，質問紙調査の倫理的配慮において不可欠なものは匿名性（anonymity）である。匿名とは特定の個人が識別されないことである。

(1) 回答は無記名で求める。

　回答はできるかぎり無記名で求める。無記名で回答済みの質問紙を入れて返送されてきた封筒にもし回答者の住所や氏名が記入してあれば，受け取った時点で封筒をシュレッダーにかけて廃棄する。記名で回答を求める調査では，記名の理由および記名により回答者が不利益を被らないようにする方法を挨拶状や質問紙の表紙で事前に説明しておかなければならない。また，パネル調査のように同一人物に複数回回答してもらう必要がある場合は，氏名以外の番号やコード（電話番号や誕生日の一部など）を用いることにより，匿名化されたまま個別データを照合することが可能になる（石丸, 2011）。さらに回答内容も匿名で扱われるため，回答者には不利益が生じないことを第1回調査依頼の際に説明しておく。

(2) 公表に際して匿名性を保障する。

　調査結果を公表する際には回答者や協力組織などが特定されないように匿名化する。また，回答者の不利になるような情報を公表しない。自由回答の情報をそのまま具体的に公表すべきではなく，回答者のデモグラフィック特性などを削除したり実際に起こったことの一部をぼかして公表する。とくに回答者が少人数の調査では，報告書などの内容からだれがどのような回答をしたかがつきとめられないようにする。ただし，対象が公人の場合は，調査目的や状況次第で情報を公表することが必要になる場合も考えられる。

(3) データを匿名化して管理・分析する。

　収集したオリジナルデータから回答者が特定されないよう，特定の個人を識別できる個人情報の一部あるいはすべてを取り除き，回答者にID番号（意味をもたない連番）を割り振って匿名化したうえでデータ入力を行う。匿名化はできるだけ早い段階で行う。研究データを匿名で管理・分析することができると，万一情報漏洩があったとしても個人情報は保護される。

　匿名化したデータの管理には，回答者とID番号への変換対応表を作成しない連結不可能匿名化と，変換対応表を作成する連結可能匿名化の2つの方法がある。連結不可能匿名化にすると後で回答者の特定ができない。質問紙調査では無記名で回答を求めることが一般的であるので，連結不可能匿名化によってデータの管理・分析を行うことになる。

　連結可能匿名化にした場合は，照合すれば回答者が特定できるので，後のデータ開示請求やデータ廃棄請求に備えることができる。しかし，その場合は直接調査に関わらない第三者的立場の個人情報管理者が変換対応表や同意書を鍵のかかるキャビネット等で厳重に管理し，調査代表者や調査関係者がアクセスできないようにしなければならない。データの開示請求に応じる期間あるいは研究期間が終了した段階で変換対応表を廃棄し，連結不可能匿名化する。

　なお，質問紙調査では回答することが調査への同意とみなされるため，通常は同意書（署名あり）を取らない。もしなんらかの理由で同意書を取っていれば，後の参加同意の撤回請求などに備えて，質問紙と同じID番号をつけて保管しておく（石丸, 2011）が，個人情報管理者が質問紙とは別のところに保管する。

(4) 第三者に質問紙の配布と回収を依頼した場合も匿名性を保障する。

　第三者（協力者）に質問紙の配布と回収を依頼した場合も回答者の匿名性，個人情報やプライバシーを守らなければならない。そのためには，依頼の際に第三者に個人情報管理マニュアルなどを渡して，具体的な方針を説明しておく。

(5) 回答者の所属先組織が調査にかかわっている場合も匿名性を保障する。

　調査内容や目的次第では，調査者と同じクラスや職場の人たちに回答してもらう必要が出てくることがある。また調査対象の企業や学校などの組織代表者や責任者に頼んで回答を収集してもらうこともある。このような場合，当然ながら回答者はプライバシーがどのように守られるか気にするものである。そこで，以下のような対応策を実行する。

　①質問紙への回答は無記名で行ってもらう。
　②回答者が特定できないような方法で回答済みの質問紙を回収する。たとえば，質問紙と一緒に封筒を渡してその中に回答後の質問紙を入れて封をして返却（郵送）してもらう。
　③回答済みの質問紙は調査関係者以外の人の目にふれないように保管する。
　④回答済みの質問紙は研究成果公開終了後5年がすぎたらシュレッダーにかけるなどして廃棄する。
　⑤調査で収集したデータは調査目的以外には使用しない。個人情報ではなく，集団の傾向として報告をまとめる。
　⑥結果公表に際しては，回答者が組織関係者に特定されないようにする。

　以上①から⑥の事柄を厳密に守るべきである。ここでも，回答者が公人の場合は，調査目的や状況次第で情報を例外的に公表することがありうる。

　回答者の所属先が組織的に調査に協力する場合，調査者がどれだけ組織の影響力から独立性を保つのか，その対応策を示すことが必要である（鈴木, 2005）。調査への協力を依頼する際に，組織の責任者に質問紙を見せて内容に関する承諾をもらう。そのうえで，回答内容は生のデータとしてそのまま所属先に提供はしない，あるいは回答者が特定されるような情報の提供はしないということをあらかじめ説明し，責任者から了承を得ておくべきである。報告書は，データをそのまま提出するのではなく，回答者の特定ができないよう匿名にし，必

要最小限重要なポイントのみをまとめて提出する。

しかし，たとえば職場のいじめのような協力組織の問題を解決するための調査であれば，調査後に生のデータを提供することを求められることがある。回答者が自発的に回答しかつ公表に同意した場合にはデータを提供することもありうるが，このようなケースでも基本的に匿名性は保障すべきである。

2　プライバシー・個人情報の保護

(1) プライバシーにかかわる質問，デリケートな内容の質問は慎重に扱う。

回答者のプライバシーや個人情報に関するデリケートな質問は必要最小限にとどめ，立ち入った質問をすることのないように質問文を作成しなければならない。どうしてもプライベートな情報が必要な場合は，質問紙の後半でたずねる。とくにデモグラフィック特性に関する質問は，原則的にすべての質問の最後に配置する。その場合，複数質問が続くなら「以下の質問には，差し支えがなければお答えください」，質問が1つなら質問文の後に「よろしかったらお答えください」などの教示文を添え，回答するしないの選択権を回答者がもつことを明示する配慮が求められる。

(2) 個人情報を安全に管理する。

集めた個人情報（データ・記録）についても，秘密を守るのが基本である。どのように守るのかについては個人情報管理マニュアルにまとめておく。

重要なことは，データ管理責任者（通常は調査代表者）を決め，責任の所在を明らかにしておくことである。責任者は回答済みの質問紙および記録などの資料，調査結果希望者の住所・氏名のリストを鍵のかかるキャビネットなどに保管し，鍵の保有者を限定して紛失を防ぐ。この場合，個人情報管理者が保管する変換対応表や同意書とは別のところに保管する。データを入力したUSBにはパスワードを設定し，紛失しないように気をつける。調査関係者の管理もきちんと行い，必要最小限の関係者しか入力データを扱わないようにし，データや記録が外部に流出することがないように細心の注意をはらう。

調査報告や論文発表などが終わってからしばらくは，データの開示請求や研究不正の疑義が出された時に備えて回答済みの質問紙，資料，データ，同意書

を保管しておく。求められる保管期間は学会や大学の倫理委員会などによって異なるが，一応の研究終了段階として研究成果公開終了時点から5年を目処にしておく。保管期間がすぎたらシュレッダーにかける，消却する，入力データを完全削除するなどして廃棄する。信頼できる専門業者に廃棄を委託することもできる。インターネット調査法では，メール・アドレスなどの個人情報流出，ハッキング，クラッキングなどの恐れがあり，さらにセキュリティ対策が必要である。

(3) データ使用を制限する。

調査データは，研究目的あるいは企業なら利用目的以外には使用しない。また，回答者の個人情報は第三者には提供しない，あるいは回答者の同意なしに第三者には提供しない。

3　回答者の人権の保護

(1) 回答者の人権，人格，名誉，自己イメージを保護する。

質問紙の質問には，何らかの形で調査者の価値観や本音や期待などが反映されるものである。それらを反映した質問によって，回答者を心理的に傷つけることは避けるように気をつける。質問文にプライドを傷つけることばはないかチェックする。とくに，回答者の人権，人格，名誉，自己イメージを傷つけたり損ねたりすることがあってはならない（鈴木, 2005）。質問内容が家族に及ぶ場合は，回答者の家族についても同様の配慮が必要であろう。

調査者は，公正性および客観性を重視し，自分の質問の内容や質問のしかたが回答者を尊重したものであるようにする。偏見，差別，ステレオタイプなどを含む表現を使用しないよう常に注意を怠らない。

しかし，注意はしていても，実際には調査者自身は自分の差別意識などに気がつかないことが多く，自覚することは非常にむずかしい。そこで，調査仲間は言うに及ばず，調査対象者と同様のデモグラフィック特性をもつ同僚，友人，知人などに質問紙を調査実施前に見てもらい，質問内容やワーディングに関するアドバイスを受けておくことが効果的である。予備調査も有効である。

具体的には，ステレオタイプ的な描写はせず，中立的な表現を用い，非礼な

語句や表現を使用しない。回答者の性，年齢，パーソナリティ，学歴，職業，家族，病気，身体障害，国籍，文化，民族／人種，宗教，信条，価値観などに関する質問にはとくに配慮が必要である。また，調査者自身は偏見のあることばだとは思わなくても，回答者が不快になるようなことばは使わないようにする。

(2) 質問内容に注意する。

調査の大半は，回答者にはほとんど興味のない調査テーマに関する質問に答えてもらうものである。また，調査者は詳しく正確な情報を得たいがため，つい細かい条件設定をしたり数多くの質問をたずねようとする。しかし，回答に時間のかかる複雑な質問，退屈な質問，微妙に内容は異なるが似たような問いを繰り返す質問などは，人権侵害とまでは言えなくても心理的な苦痛を与えることになる。回答者に迷惑をかけないよう，質問の内容には配慮が求められよう。

7-4 回答者の権利

調査者は，回答者が自分の権利をはっきりと知って権利を守ることができるように説明をしておく必要がある。回答者が，自らのプライバシー・個人情報・人権を守るために行使できる権利は以下のようなものである。

1 調査への協力を拒否する権利

調査への協力は強制ではなく，回答は自発的に行われるべきものである。回答者は，調査に参加するか否かを判断したり，質問紙への回答を途中で中断したり，答えたくない質問に対しては答えないという権利をもっている。また，回答しない理由を説明する必要はない (Smith, 2010)。どの時点であれ，回答をやめることによって回答者が不利益を被らないようにする。

途中で回答を中断した回答者には，すでに回答を終えた部分を分析データの対象に加えてもよいか，あるいは調査そのものへの協力を拒否してデータとしての使用を認めないかを（確認できる場合は）確認する。後者の場合はデータを廃棄しなければならない (Smith, 2010)。

とくにマーケティング・リサーチの場合，調査に協力するか拒否するかを決

定するために十分な情報を事前にきちんと提供する必要がある。純粋に分析目的の調査であるのか，あるいは商品を販売したり顧客のデータベースを作成したりするのが目的であるのかなど，目的の違いを挨拶状，質問紙の表紙，調査目的を掲載したWebページ画面などに明記しておく。

2　調査内容に関して質問をする権利

　調査内容や調査計画に不明な点や不審な点があったり，調査目的が不明確だったり，なぜ自分が調査対象者に選ばれているのかその情報源が不明だったりすれば，質問する権利がある。調査者および調査関係者は，調査対象者から問い合わせがあれば，調査に支障がない範囲かつ他の回答者に迷惑がかからない範囲で情報を開示する。

3　その他の権利

　調査対象者は自分に関する情報の流れの開示，訂正，利用停止を求める権利がある。集団を対象にした匿名による質問紙調査の場合，このような権利が行使されることはほとんどないが，万一調査対象者からの要望があれば従う。

7-5　既存尺度の使用

1　尺度使用の依頼

　質問紙法による調査では，心理尺度など既存尺度をよく使用する。調査を実施する前に，使用希望尺度について念のためよく調べておこう。中には購入しなければ使えない尺度や対象者の年齢が制限された尺度もあるので注意が必要である。また，営利目的で尺度を使用する場合は開発者（版権者，著作権者）に連絡をとらなければならない。

　学術調査の場合には，議論はいろいろあるものの，「出典を明記する」ことで剽窃（plagiarism）にならないようにし，測定対象者の属性など尺度使用上の条件を守れば，学術雑誌に掲載されている既存尺度を使用するために開発者の承諾書をもらう必要はないとする意見が優勢である。しかし，研究者や大学院生が国内あるいは外国の尺度を使用する時には，出典を明記するだけでなく，

できれば使用前に開発者から使用の承諾（許諾）を得て，使用に際しての条件や注意事項などを確認しておくことが望ましい。外国の尺度の場合は，無断使用とみなされないように，日本語版作成への承諾を求める手続きが特に必要である。外国の尺度を用いた調査結果について海外のジャーナル論文投稿や書籍出版を行うつもりなら，承諾取得の手続きは避けて通れない。

　承諾を求める場合は，①自分の調査のテーマ／タイトル，調査目的，データ収集法・分析法，調査対象者，倫理的配慮，成果の公表方法など研究の概略と連絡先を記した尺度使用承諾依頼状（図7-1，図7-2），②尺度使用承諾書（図7-3，図7-4），③返送先を書いて切手を貼付した返信用封筒を送付し，承諾の返事をもらってから調査で使用する。依頼の際に自分のメール・アドレスも知らせて，尺度開発者の都合によってはメールで承諾をもらっておいてもよい。大学院の学生が使用承諾依頼状を出す場合は，問い合わせ先として指導教員の氏名，所属先，役職，メール・アドレスなども書いておく（図7-2）。

　尺度の使用許諾を得て調査をした場合，調査結果に関する発表論文の抜き刷りや論文の要旨，あるいは報告書を尺度開発者に事後報告として送付するのが望ましいマナーである。調査実施前に尺度使用の承諾をもらっていなかった場合は，調査後に論文やレポートを送付して結果を知らせることが求められる。

2　尺度使用のしかた

　既存の尺度を使用する際に必要なことは，当該尺度が作成された理論的背景や尺度が測定している概念の定義をきちんと把握して，自分の調査にふさわしいかどうかを確認しておくことである。便利で重宝なツールだからと安易に使うと，調査目的に合わず，せっかく集めたデータを活用できないことがある。既存尺度の使用に際してもう1つ必要なことは，オリジナル尺度を変更しないでそのまま用いることである。一部でも変更すれば別の性質をもつ尺度になるので，改めて信頼性や妥当性の確認が必要になる。オリジナル尺度を構成している項目はすべて用いる。自分の調査に直接かかわる項目だけをいくつか選んでその合計得点を求め，オリジナル尺度による測定値と同様に扱うという訳にはいかない。また，各項目の順序およびワーディングも，たとえごく一部であっても勝手に変えてはいけない。尺度のフォーマット（形式），評定方法（5件

●●大学●●学部●●●専攻
教授　　○○　○○　様

　　　　　　　　　　　　　　　　　　　　　年　　月　　日

　拝啓　○○先生には時下ますますご清祥のこととお慶び申し上げます。突然お便りを差し上げる失礼をお許しください。
　私は▲▲大学▲▲学部教員の△△△△と申します。社会心理学の領域で□□□□をテーマにした研究を続けております。
　このたび，本学学術研究支援2016年度特別研究費により「××××××」というタイトルの質問紙調査を行うことになりました。つきましては，先生の開発されました「◇◇◇◇尺度」使用のご許可をお願いしたく存じます。お忙しいところを誠に恐縮でございますが，下記の調査概略をご一読のうえ，使用可否のご検討をお願い申し上げます。ご許可をいただけましたら，使用にあたっての手続き等に則って調査を実施いたします。また尺度の開発に関する先生の2010年のご論文（「○○○○○○○○」心理学研究, ■■, ■■-■■.）を引用文献として報告書および論文に掲載いたします。
　尺度使用を承諾いただけます場合は，お手数ですが，同封した返信用封筒にて承諾書をご返送くださいますよう重ねてお願い申し上げます。
　　　　　　　　　　　　　　　　　　　　　　　　　　　　敬具

　　　　　　　　　　　　　　　記
　1. 調査タイトル：
　2. 調査目的：
　3. 調査方法
　　　・データ収集法・分析法：
　　　・調査対象者・実施場所：
　　　・調査期間：
　4. 倫理的配慮：
　5. 成果の公表方法：

　　　　　　　　　　　　　　所属先：
　　　　　　　　　　　　　　役職・氏名：
　　　　　　　　　　　　　　住所：
　　　　　　　　　　　　　　電話・FAX番号：
　　　　　　　　　　　　　　メール・アドレス：

図7-1　尺度使用承諾依頼状（例1）

●●大学●●学部●●●専攻

教授　　○○　○○　先生

　　　　　　　　　　　　　　　　　　　年　　　月　　　日

　　　　　　　　　　尺度使用許可のお願い

　謹啓　○○先生には時下ますますご健勝のこととお喜び申し上げます。
　私は，▲▲大学大学院▲▲研究科博士前期課程2年の大学院生△△△
△と申します。現在「××××××」というタイトルの質問紙調査の準
備を進めております。
　この調査におきまして，○○先生の開発されました「◇◇◇◇尺度」
の使用許可をいただきたく，お願い申し上げます。以下に調査の概略を
記載いたしましたので，ご一読のうえ，使用の可否を同封の承諾書にて
お知らせくださいますようお願いいたします。ご許可がいただけます場
合は，使用にあたっての条件や手続きなどについてお知らせいただけま
したら，その方法に則って調査を実施いたします。
　お忙しいところを誠に恐縮でございますが，ご検討のほど，何卒よろ
しくお願い申し上げます。

　　　　　　　　　　　　　　　　　　　　　　　　　　　敬具

　　　　　　　　　　　　　記
　1．調査タイトル：
　2．調査目的：
　3．調査方法
　　・データ収集法・分析法：
　　・調査対象者・実施場所：
　　・調査期間：
　4．倫理的配慮：
　5．成果の公表方法：
　6．指導教員：所属先，役職，氏名，電話番号，メール・アドレス

　　　　　　　　　　　　　　所属先：
　　　　　　　　　　　　　　氏名：
　　　　　　　　　　　　　　住所：
　　　　　　　　　　　　　　連絡先：電話番号
　　　　　　　　　　　　　　　　　　メール・アドレス

図 7-2　尺度使用承諾依頼状（大学院生用）（例2）

質問紙調査「××××××」における
◇◇◇◇尺度の使用

(　　　) 承諾します。

(　　　) 承諾できません。

記

使用者：▲▲大学▲▲学部▲▲▲専攻
　　　　役職
　　　　△△　△△

使用についての手続き・条件
　1.
　2.
　3.

　　　　　　　　　　　　　　　年　　　月　　　日

　　　　　　　　　　承諾者
　　　　　　　　　　御所属＿＿＿＿＿＿＿＿＿＿

　　　　　　　　　　御氏名＿＿＿＿＿＿＿＿＿＿

図7-3　尺度使用承諾書（例1）

使 用 承 諾 書

「××××××」における
◇◇◇◇尺度の使用を承諾します。

使用者：▲▲大学大学院▲▲研究科
　　　　博士前期課程 2 年
　　　　△△　△△　宛

　　　　　　　　　　　　　　　　　　　年　　　　月　　　　日

　　　　　　　　　　　　　　承諾者
　　　　　　　　　　　　　　御所属＿＿＿＿＿＿＿＿＿＿

　　　　　　　　　　　　　　御氏名＿＿＿＿＿＿＿＿＿＿

図 7-4　尺度使用承諾書（例 2）

法など), 回答選択肢数も変更してはならない。特に, 同じ尺度を用いた先行研究の結果と比較する場合は, 尺度をそのまま用いなければ比較は成立しない。

尺度を尺度として使用するのではなく, 尺度を構成する一部の項目や1つの項目だけを自分の調査の質問項目として用いるということであれば, その旨を必ず報告書や論文に記述して出典を明らかにする。

7-6　倫理的ガイドラインをめぐる今後の動向

人々の権利意識・プライバシー意識の高まり, データ・テクノロジーの急速な進歩, 個人情報漏洩事件の頻発, 企業による法令遵守（コンプライアンス）の仕組み作りや社会的責任（Corporate Social Responsibility）を重視する経営への取り組みなどにより, 個人情報を取り扱う調査・研究には以前より厳しく高い水準の倫理的配慮や自覚, そしてガイドラインの遵守が求められるようになっている。

学術雑誌の論文, 博士・修士論文, 報告書等が限られた読者だけを対象にしていた時代は終わった。近年は, 論文がインターネット上に掲載され, それをPDFなどのデジタル・データに複製して読まれる送信可能化が飛躍的に進んでいる（君嶋, 2016）。それに伴い, 調査や研究の成果にアクセスできる人の社会的・空間的幅が大きく広がった。その結果, 著作権・プライバシーの保護とデータの匿名化の必要性がさらに高まり, 成果の公表に際しての慎重な配慮が欠かせない社会状況になっている。そこで大学や学会や調査機関でも研究倫理要綱が定められたり, 調査（研究）倫理委員会が倫理基準を定めて調査内容を事前に審査するなど, 調査に関する倫理規制が強化され, 調査者の守秘義務や情報公開の遵守が強調されるようになった。

たとえば, 調査を行うに際しては, 調査者が所属する組織および調査を実施する対象組織の調査（研究）倫理委員会などに研究計画あるいは調査企画書を提出して研究倫理要綱などに従って審査を受け, 承認を得る（表7-2）。この審査のおかげで倫理的な問題の発生は減少するものの, 承認に時間がかかったり, また調査デザインの変更を求められることもありうる。さらには, 委員会に自分の調査領域の専門家がおらず調査内容を誤解されたりすることもまったくないとは言えない。調査のスケジュールを立てる際には, このようなプロセスに

かかる時間も見込んでおかなくてはならない。

　加えて，論文を投稿する場合に倫理チェックを行う学会も増えてきた。近い将来に各学会が学術調査のガイドラインをそれぞれ設定することが必要であろう。尺度の使用についても，著作権や使用許可についての統一的な規定や運用ルールを関連学会全体として整備することが必要な時期が来ているという指摘もある（山田, 2011）。

　このような倫理的配慮重視の傾向は今後さらに強まりこそすれ，緩和されることはないものと予測される。そうなれば，質問紙を作成するに際して調査者に求められる倫理的配慮のハードルは今後さらに高くなる。それが，調査デザインや質問紙デザインを含む調査全般の質を高め，結果として質問紙法による調査への理解や信頼性も高め，より正確で社会的妥当性の高いデータのより多くの回収に結びつくことが期待される。

表7-2　調査（研究）倫理委員会等から調査実施の承認を得るために提供する情報

1　調査全般
(1) 調査テーマ・目的
(2) 調査方法・データ収集法
(3) 調査期間・実施場所
(4) 調査対象者の属性
(5) 尺度使用の有無・使用承諾書の取得方法
(6) 調査結果の使用目的・公表先・公表時期・社会貢献
(7) 調査者あるいは調査プロジェクト参加者の氏名・所属先・役職
(8) 調査資金
(9) 調査対象者への挨拶状（依頼状）・同意書

2　回答者
(1) 調査対象者のサンプリング法
(2) 調査概要の伝え方と同意を得る方法
(3) 調査に協力する回答者の利点・リスクと対応
(4) 謝礼・謝品の有無・内容
(5) 第三者への調査協力依頼の内容

3　回答者への倫理的配慮
(1) 回答者の権利の内容
(2) 匿名性の保障方法・匿名化の方法
(3) プライバシー・個人情報の保護方法
(4) データの保護・保管・廃棄方法
(5) 回答者が子ども・高齢者・患者などの場合の配慮内容
(6) ディブリーフィングを行う必要性の有無・その内容

第2部
質問紙デザイン

8 質問紙デザインの基礎

　第2部では質問紙デザインに焦点をしぼり，詳細かつ具体的な説明を行う。調査にかける調査者の創意工夫，意気込み，心遣い，何よりも倫理的な配慮は，質問紙を通じて無意識にも意識的にも回答者に伝わるものである。職人が精魂こめて作る作品のようなものだと思って，質問紙をデザインしていただきたい。

　本章では，まず質問紙デザインの重要性について述べたうえで，デザインの全プロセスを示し，調査実施までに行わなければならないさまざまな作業の基本となる3つの主要な基本的作業を概括的にまとめる。最後に，調査者が質問紙をいかにデザインすれば質の高いデータ，すなわち正確なデータを収集できるかに関して，質問紙デザインの全プロセスにかかわる包括的なガイドラインをまとめる。

■8-1　質問紙デザインの重要性

　質問紙デザイン（questionnaire design）は質の高いデータを集めるために重要な役割を果たす。よく検討してデザインされた質問紙は，負担が少なく簡単そうという印象を回答者に与えるだけでなく，実際に回答しやすいので回収率を高める。質問の順序を間違えたり読みまちがえたりすることも少なく，回答上の間違いを発生させにくい。その結果，正確なデータが収集できる。調査そのものへの信頼性を高める効果もある。調査者にとっての直接の利点は，データ入力を効率的にし，入力ミスも起こしにくいことである。

　質問紙デザインにおいてめざすことは，明確さと論理性である。調査のテーマと目的（何についての何のための質問か），調査対象者の属性（どんな人に回答を求めるか），質問の意味（どう解釈してもらいたいか），回答者に期待する答え方（どのように回答してもらいたいか），これらについて調査者自身が明確

に把握していなければ，回答者から正確な情報を引き出すための適切な質問紙を作成できない。また，自らの経験や直感のみに頼って質問を作成するのではなく，関連文献から実証的なデータを集めて，そこから導かれる論理に沿った質問項目の構成と客観的な質問内容にしなければ，科学的な調査に用いる質問紙としての役目は果たせない。

8-2 質問紙デザインのプロセス

質問紙は，以下のようなプロセスをたどってデザインする（表8-1）。

1 調査テーマと調査目的の再確認

まず調査テーマと調査目的を再度確認する。この2つが明確でなければ，以下のプロセスを適切にこなしていくことはできない。

2 サブ・テーマごとの質問項目候補の選択

調査テーマを3～5程度のサブ・テーマ（構成概念）に分けて，サブ・テーマごとに調査テーマの解明に役立つと思われる質問項目候補を検討する。質問項目候補は，質問文としてではなく，フレーズもしくは単語で内容を示す。使用したいと思う主な候補をサブ・テーマごとにすべて書き出し，できる限り数多く項目プール（item pool）に集めておく。この段階で，サブ・テーマの順序と質問量の配分をおおまかに決めておくとよい。

質問項目候補は，文献研究で集めた既存の論文や著書や資料を参考にして選択する。予備調査を行って自由記述による回答を求め，それを参考に作成するのもよい方法である。また特定の条件やデモグラフィック特性（とくに職種）の人びとを対象者にした調査の場合は，当事者の意見を参考にして，できるだけ実態に沿った項目を選ぶことが非常に大切である。

調査テーマ，サブ・テーマ，質問項目候補の相互関係が一目でわかるように，簡単な概念図に示しておく。図があると，質問項目全体の関係性が把握できて，どの項目が必要かを検討しやすい。

3　質問項目の決定

サブ・テーマごとの質問項目候補を重要度のレベル順に並べ，質問内容・質問順序などをほぼ決めておく。回答者の協力の限界を超えていないかという視点から検討し，どの項目が重要でどの項目が重要でないかを判断し，重要でないものは捨てる。残った項目の中からもっとも適切なものを選ぶようにする。この選択に，質問紙作成者の調査テーマへの理解度と判断力が反映される。

質問紙全体で，質問項目数にして30〜50程度，回答時間は10〜20分程度，ページ数にして6〜8ページ程度を限度とみなしておく。ここから逆算して，サブ・テーマごとの質問項目数を決める。

4　デモグラフィック項目群の決定

デモグラフィック項目（demographic item：人口統計的項目）は，単にデモグラフィックス（demographics）と呼ぶこともある。回答者の年齢，性，婚姻状況，教育レベル，職業などの基本的属性に関する情報を求める質問である。デモグラフィック項目は回答者のプライバシーにかかわるものが多いことから，分析に必要な項目のみを選んで使用する。

5　質問の種類と順序の決定

質問項目を決定したら，調査対象者の特性を考慮しつつ，調査への理解と協力への意欲を高めるような質問の種類と順序をサブ・テーマごとに考える。小説などと同じで，最初の部分で回答者の興味を引くような質問を配置するよう工夫する。

6　回答形式の選択

質問の種類と順序があらかた決まったら，次に回答形式を選ぶ。回答の選択肢をあらかじめ準備しておき主に統計的処理を行う選択回答法か，自由に回答できる自由回答法か，分析に必要なデータ量を検討し，どちらをどの程度の割合で使用するか決定する。どちらかといえば選択回答法を主に使用するほうが効率はよい。選択回答法は厳密だが，回答者には回答選択肢以外のものを選ぶ自由がない。一方，自由回答法は回収できるデータ量は多いが分析に時間がか

かり，回答内容が調査テーマからそれる心配もある。回答がめんどうであるために，自由回答法の質問が出てきた段階で回答拒否をする回答者がいるので，回収率を下げる恐れもある。質問紙の前半のほうに出さず，できるだけ後半にもっていくなど，配置に工夫が必要である。

　回答法の選択に際しては，質問紙回収後の点検，コーディング，集計・分析をしやすいように回答を求めるという視点を忘れないようにしよう。

7　質問文・回答選択肢の作成

　先行研究で用いられた質問を参考にしつつ，選択した質問項目の質問文と回答選択肢をサブ・テーマごとに作成する。質問文は，質問するだけでなく，回答方法を説明する文章も含む。たとえば，回答選択肢をどのように選ぶか（○をつける，番号を選ぶ，記述するなど）について説明する。スムーズに回答してもらうために重要な役割を担っているので，簡潔かつ明確で説明内容に誤解が生じないようワーディングを推敲する。質問文と回答選択肢が一応できた段階で，再度質問項目の順序を検討する。

8　教示文の作成

　教示文（指示文）は，いわば回答者のナビゲーターである。質問項目間の関係や回答の流れを説明する。教示文は質問紙の構成や質問文のコンテクスト（文脈）への理解を促し，より正確な回答をしてもらうための環境づくりをするという重要な役割を担っている。誤解を招かない内容や簡潔な表現が求められるため，ここでもワーディングの推敲を十分に行う。たとえば，例に示したような情報を回答者に提供する。

　例）
　　①回答選択肢3を選んだ方は，質問○に進んでください。
　　②次の項目からは○○○に関する質問になります。
　　③ここからは，あなたのご家族のことについて伺います。

9　最終項目群の作成

すべての質問の最後にはデモグラフィック項目群が配置されることが多いが，質問紙のほうはそれで終わるわけではない。デモグラフィック項目群の後に最終項目群が続く。

10　挨拶状の作成

この段階で挨拶状（図 9-1）を作成しておき，予備調査で内容，書式，レイアウトなどについて確認する。

11　表紙の作成

表紙（図 9-2）を作成する。表紙には，挨拶状に記載した内容のうち，調査タイトルや連絡先などもっとも重要な情報を記すようにする。それ以外に，記入上の注意事項も必ず記しておく。注意事項は，そのまま「注意事項」と記すより「ご記入にあたってのお願い」のように表現するほうがよい。

12　体裁・書式・レイアウトの検討

質問紙の内容について準備が整ったら，今度はそれをいかにわかりやすく示し，いかに間違いなくかつ手間をかけずに回答してもらえるかを考えながら，体裁，書式，レイアウトを検討する。

13　質問紙ドラフトの完成

表紙も備えた質問紙ドラフトを一応完成させる。質問紙作成の経験者，同僚，教師などの意見やアドバイスを求め，問題点が指摘されれば訂正，加筆，削除を行い，ドラフトを完成させる。

14　予備調査の実施

できるだけ本調査と同じ条件で予備調査を実施し，質問と教示文・回答選択肢の内容と順序，ワーディング，体裁，書式，レイアウトなどの点検をする。予備調査は一度という調査が大半だが，一度だけしか行わないと決まっているわけではない。時間と予算が許せば納得できるまで繰り返す。

15 質問紙ドラフトの修正

予備調査の結果を検討し，ドラフトおよび挨拶状の最終的な修正を行う。質問文，教示文，書式，レイアウトなどを修正したり，質問の数を増減させたりする。質問順序および回答選択肢の内容についても予備調査の結果を参考にして再検討する。質問紙の体裁もこの段階までに決定しておく。

16 質問紙の完成

最終的に完成した質問紙のコピーあるいは印刷をして，完成版の冊子を作る。挨拶状も一緒にコピーあるいは印刷して準備を整える。

表 8-1 質問紙デザインのプロセス

1　調査テーマと調査目的の再確認
　　調査テーマと調査目的を再度確認する。

2　サブ・テーマごとの質問項目候補の選択
　　調査テーマを3～5程度のサブ・テーマ（構成概念）に分けて，サブ・テーマごとに質問項目候補を検討する。質問項目候補は，フレーズもしくは単語で内容を示しておく。調査テーマ，サブ・テーマ，質問項目候補の相互関係を図に示しておく。

3　質問項目の決定
　　サブ・テーマごとの質問項目候補を重要度のレベル順に並べ，重要でないものは捨てていき，残った項目からもっとも適切なものを選ぶ。

4　デモグラフィック項目群の決定
　　使用するデモグラフィック項目を選ぶ。

5　質問の種類と順序の決定
　　調査対象者の特性を考慮しつつ，調査への理解と協力への意欲を高めるような質問の種類と順序をサブ・テーマごとに考える。

6　回答形式の選択
　　選択回答法か自由回答法か，どちらをどの程度の割合で使用するか決定する。

7　質問文・回答選択肢の作成
　　先行研究で用いられた質問を参考にしつつ，選択した質問項目の質問文と回答選択肢をサブ・テーマごとに作成する。ワーディングを推敲する。

表8-1 質問紙デザインのプロセス（続き）

8 教示文の作成
　質問項目間の関係や回答の流れを説明する。ワーディングを推敲する。

9 最終項目群の作成

10 挨拶状の作成
　この段階で挨拶状を作成しておく。

11 表紙の作成
　表紙には，調査タイトルや連絡先以外に記入上の注意事項も必ず記す。

12 体裁・書式・レイアウトの検討

13 質問紙ドラフトの完成
　表紙も備えた質問紙ドラフトを完成させる。

14 予備調査の実施
　できるだけ本調査で行うのと同じ条件で予備調査を実施する。挨拶状も予備調査の対象にする。

15 質問紙ドラフトの修正
　予備調査の結果を検討し，質問紙ドラフトと挨拶状の最終的な修正を行う。

16 質問紙の完成
　完成した質問紙のコピーあるいは印刷をして，完成版の冊子を作る。

8-3　質問紙デザインの基本的作業

　第9章以降に説明するように，質問紙完成にたどりつくまでにはいくつもの緻密で注意深い作業を経なければならないが，それらは次の3つの作業を基本とし，その上に展開されるものである（表8-2）。

1　科学的アプローチに基づく作業

　信頼性の高い調査結果を求めるには科学的アプローチが必要である。調査がどのようなプロセスでどのように行われたのかについて客観的に記述することで他の調査者が同じ方法で調査を再現できるようにし（再現可能性：reproducibility），同様の結果が得られるかどうかの確認を可能にするのが科学的アプローチである。

　具体的には，客観的，論理的，実証的な態度で調査を行う。ここでの実証と

は，データに基づいて何らかの理論や考えの正当性を示すことを意味する（村田, 2007)。まず調査者は先行研究の成果に基づき自らの研究上の立場を明らかにし，調査手続きを公開する。重要な概念を定義し，的確な内容の質問紙を作成する。代表性のあるできるだけ多くの調査対象者を選び，調査を実施してデータを集め分析し，法則や理論を証明するあるいは実態を明らかにする。調査を繰り返すことで結果の一般化をめざす。

このようなアプローチにおける質問紙作成の作業目標は，調査テーマ・目的と調査対象者の特性に合った内容になるようにし，事実に即した正確なデータ——社会的妥当性と信頼性のあるデータ——を収集するツールとしての役目を果たせるようにすることである。

2　体系的に統合された作業

簡潔で明確で客観的なワーディング，調査目的に合致した適切な質問内容，質問項目の緻密な構成，論理的でわかりやすい質問の流れなど，各作業が体系的に統合されて初めて質の高い質問紙が作成でき，正確なデータが収集できる。よく検討して質の高い質問紙を作成すれば，回答者の多くは誠実に対応してくれる。

表8-2　質問紙デザインの基本的作業

1　科学的アプローチに基づく作業
　信頼性の高い調査結果を求めるには，客観的，論理的かつ実証的な態度で調査を行う科学的アプローチが必要である。科学的アプローチに基づく質問紙作成の作業目標は，調査テーマ・目的と調査対象者の特性に合った内容になるよう工夫し，事実に即した正確なデータ—社会的妥当性と信頼性のあるデータ—を収集するツールとしての役目を果たせるようにすることである。

2　体系的に統合された作業
　簡潔で客観的なワーディング，調査目的に合致した適切な質問内容，質問項目の緻密な構成，論理的でわかりやすい質問の流れなど，各作業が体系的に統合されて初めて質の高い質問紙が作成できる。

3　工夫を重ね創造性を発揮する職人技的な作業
　多くの質問の集合体である質問紙には調査者の個性，価値観，知識，センスが反映される。質問紙作成作業には神経を使うが，工夫を重ね創造性を発揮する職人技のような面があって，それゆえにこその楽しみがある。

3　工夫を重ね創造性を発揮する職人技的な作業

　質問紙の質問は，調査者の意図したとおりに，またどの回答者にも同じ意味に解釈してもらい，できるだけ正確に答えてもらわなければならない。質問紙作成の目的の1つは，回答者が正確な回答をする手助けを行うことである（Brace, 2008）。良い質問とは調査者と回答者の間に正確なコミュニケーションが成り立つものである。良い質問はまた，調査者，調査そのもの，そして調査結果への信頼感を抱かせるものでもある。

　しかし，多くの質問の集合体である質問紙には唯一絶対の正解というものはない。少々大げさな言い方だが，調査の目的達成に至る道筋としての質問紙のありかたは無限にある。調査テーマ・目的が同じであっても，調査対象者は調査ごとに変わり，社会状況も変化し続けている。どのような内容のどのような質問文と回答選択肢を質問項目としてどのように構成するかは，その都度調査者が調査目的，対象者，社会状況に合わせて決定する。良い質問紙とは，調査目的達成のために個別にあつらえて作成される（custom-made）ものである（Fowler, 1995）。あつらえて作成されるからこそ，質問紙作成作業には調査者のパーソナリティ，価値観，知識，センスが反映され，工夫を重ね創造性を発揮する職人技のような面があって，それが楽しい。

8-4　質問紙デザインのガイドライン

　質問紙をいかにデザインすれば明確さと論理性をもち，正確なデータを収集できるかを考えると，主要なガイドラインは以下のようになる（表8-3）。

1　調査テーマ，目的，リサーチ・クエスチョン，仮説を明確にし，それらにかなった質問内容にする。

　調査テーマ，目的，目的を明確に示すリサーチ・クエスチョン，仮説をしっかりとしぼり込んで明確に把握し，それらにかなった内容と数の質問を効果的かつ論理的に組み合わせて全体を構成する。

2 重要概念は定義しておく。

調査テーマ，仮説，質問で用いる重要な概念については必ず具体的な定義をしておく。概念を具体的に定義することは指標を明らかにすることである。指標が明らかでなければ，的確な質問は作成できない。質問があいまいであると，回答者はどのように回答すればよいかわからず，あいまいな回答をせざるをえなくなる。

3 調査の中立性を保つ。

調査者の価値観，期待，先入観，偏見を完全になくすことはできないが，できるだけ調査に影響しないようにする。質問項目の内容・回答選択肢の選択，質問文と教示文の書き方，質問順序などによって回答を誘導したりゆがみを生じさせたりすることのないように注意する。ある属性をもつ人びとに有利あるいは不利になるようなことは避ける。たとえば，ある年齢層の人のみがよく知っているトピックを取り上げると，他の年齢層の回答者は回答しにくい。

さらに，調査者が当該の質問紙で何を測定しようとしているのかを具体的に回答者に気づかれないようにする配慮が必要な場合もある。たとえば，心理尺度を使用すると，尺度の項目内容からその他の質問で何を測定されているかがわかって回答を誘導してしまう恐れがあるので，質問紙の前半に尺度を配置しないほうがよい。

4 論理的で体系的な構成にする。

質問紙全体の構成と質問の論理的な流れ（順序）を作図することでデザインをより明確化し，論理的で体系的な構成になるよう検討する。主たるテーマの構成概念としてサブ・テーマをいくつか考え，サブ・テーマごとに複数の質問文を作成してテーマを具体化する。

5 必要性のある質問のみを用いる。

1つの質問で明らかにできることはほんのわずかである。しかし，知りたいことすべてについて質問することはできない。目的達成のためにどうしてもたずねる必要のあることだけを選んでたずねるしかない。ところが，とくに初心

者は抽象的で大きなテーマに取り組みがちで、あれもこれもと聞いて焦点がぼやけ、必然的に質問数がやたらに増える。しかも並べ方が体系的ではないという特徴が見受けられる。1回の調査でたずねることができる質問数は限られている。質問数はできるだけ制限し、本当にたずねる必要のあるものだけを残そう。質問数を減らすためにも、テーマをしぼり込むことが功を奏する。

6 分析方法を考えながら質問を作成する。

　データを回収する段階になってどのように分析するかを考え始めるのでは遅すぎる。質問紙を作成している段階から、データ収集後にどのような分析を加えるか検討しておく。たとえば、ある事項についての事実を明らかにするためには、複数の角度から質問し、どの質問とどの質問をクロスさせれば、どのような分析によってなにを明らかにすることができるのかを考えておく。質問をクロスさせることは、後のデータ解釈の際に、回答の正確さや矛盾のなさをチェックするためにも欠かせない。統計的な処理を予定している調査では、用いる分析に対応した数の質問をしておくことが肝心である。

　仮説がある場合は、仮説を検証するのにふさわしい質問内容と過不足のない質問数にする。また、仮説が反証された場合に、その理由が推測できるような内容の質問をしておくなど、どのような質問への回答からどのようなデータを得るのかをあらかじめ考えたうえで検討する。

7 先行研究の調査結果と比較をする場合、質問文、回答選択肢、形式を変更しない。

　先行研究の結果と今回調査の結果を比較する目的があるなら、先の調査で用いられた質問とまったく同じ質問文と回答選択肢と形式を用いることが必要である。語順を変えたり表現を一部でも変えたり、回答選択肢や形式を変更したりすると継続性が失われ、回答傾向が変化し、先行研究の結果と正確に比較することができなくなる。既存尺度を使用する場合も、文章表現を変更したり、項目を増減させたり、一部の項目だけを尺度として使用したりしてはいけない。

表 8-3 質問紙デザインのガイドライン

1　調査テーマ，目的，リサーチ・クエスチョン，仮説を明確にし，それらにかなった質問内容にする。
　調査テーマ，目的，リサーチ・クエスチョン，仮説にかなった内容と数の質問を効果的かつ論理的に組み合わせて全体を構成する。

2　重要概念は定義しておく。
　調査テーマ，仮説，質問で用いる重要な概念については必ず具体的に定義しておく。

3　調査の中立性を保つ。
　調査者の価値観，期待，先入観，偏見が調査に影響しないようにする。

4　論理的で体系的な構成にする。
　質問紙全体の構成と質問の流れ（順序）の作図によってデザインをより明確化し，論理的で体系的な構成になるよう検討する。

5　必要性のある質問のみ用いる。
　調査目的達成のためにどうしてもたずねる必要のある質問だけを選ぶ。

6　分析方法を考えながら質問を作成する。
　質問紙を作成している段階から，データ収集後にどのような分析を加えるか検討しておく。

7　先行研究の調査結果と比較をする場合，質問文，回答選択肢，形式を変更しない。
　語順を変えたり表現を一部でも変えたり，回答選択肢や形式を変更したりすると継続性が失われ，回答傾向が変化し，先行研究の結果と正確に比較することができなくなる。

8　好印象を与える体裁とレイアウトにする。
　見た目が感じよくレイアウトも整然としていると，回答しやすいという印象を与えるだけでなく，調査全般への信頼度が上がる。

9　質問紙の作成には時間をかける。
　質問紙は，客観的かつ批判的な目でチェックしながら何度も修正する。完成したと思っても，少なくとも1週間は「寝かせて」，細かい内容を忘れた頃に第三者になったつもりでワーディング，質問項目順序，質問内容，レイアウトなどについて再度チェックして，予備調査のためのドラフトを完成させる。

8　好印象を与える体裁とレイアウトにする。

　見た目が感じよくきれいでレイアウトも整然としていると，回答しやすいという印象を与えるだけでなく，しっかりと準備された調査という印象を与えて調査全般への信頼度が上がる。人物評価に第一印象が大きな影響力をもつことと同じである。

9　質問紙の作成には時間をかける。

　質問紙は，客観的かつ批判的な目でチェックしながら何度も修正する。完成したと思っても，少なくとも1週間は「寝かせて」，細かい内容を忘れた頃に第三者になったつもりでワーディング，質問順序，質問内容，レイアウトなどについて再度チェックし，予備調査のための質問紙ドラフトを作成する。質問紙作成に際しては，この「寝かせる」時間をできるだけ確保できるスケジュールにするべきである。時間がたって客観的に見直すと，一生懸命作成している時には気づかなかった不備や不適切な点に気がつくことが非常に多い。

　質問紙をパソコンの画面上で作成している場合は，画面上でチェックするだけでなく，プリントアウトしてじっくり見直す。パソコンの画面上で作成している時には気づきにくい，誤字や脱字，意味不明の質問文，まわりくどい教示文，類似した質問の重複，論理性のない質問項目順序，わかりにくいレイアウト，無意味なスペースなどがよくわかる。

9 質問紙の構成と体裁

　質問紙のデザインを始める前に，質問紙とはどのようなものかを把握することが必要である。本章では，まず質問紙全体の構成を紹介したうえで，各構成部分について具体的に説明する。後半では，質問紙の体裁，書式，レイアウトについての解説を行う。

■9-1　質問紙の構成

　質問紙は通常冊子になっており，大きく分けて (1) 表紙，(2) 質問本体，(3) デモグラフィック項目群，(4) その他（最終項目群）の4つの部分から構成される。ここでは構成部分の概要を示し，9-2以下で各部分について詳しく説明する。

1　表　　紙
　(1) 調査のタイトル
　(2) 調査実施年月
　(3) 調査対象者への挨拶
　(4) 調査に関する説明（調査目的，倫理的配慮，質問紙の回収方法，締め切り日など）
　(5) 回答記入にあたっての注意事項
　(6) 調査協力の依頼と回答前の謝辞
　(7) 調査主体の自己紹介・連絡先・所属先（(2)の次の位置でもよい）
　(8) 整理番号記入欄

2　質問本体

(1) 質　　問

質問文と回答選択肢が対になっている。自由回答の場合は質問文のみである。

(2) 回　答　欄

各質問ごとに作成する。あるいは回答欄だけをまとめて別に作成する。

(3) 教　示　文

回答の流れや質問項目順序などについての説明をする。

3　デモグラフィック項目群（第10章参照）

4　その他（最終項目群）

(1) 調査への意見や感想の記述依頼
(2) 調査結果の報告希望の有無および連絡先・氏名の記入依頼
(3) 後日の面接調査への協力依頼
(4) 調査協力への回答後の謝辞・回答についての最終チェック依頼

■9-2　質問紙の表紙

　質問紙の表紙は，まずタイトルによって一瞬でどのような内容の調査なのかを調査対象者に伝え，概略的な説明によって調査目的や回答方法を解説し，調査への協力を依頼するためにある。しかし，調査対象者は，調査者が期待するほど熱心には表紙の説明を読まない傾向がある。タイトルから調査内容を推測し，質問紙全体の体裁から受ける印象によって協力するかしないかの判断をする調査対象者が多い。そこで，表紙をあまり注意して読まなくても，どうしても伝えなければならない必要な情報だけは目につきやすいように，下線を引いたり太字にしたり文字を大きくしたりして注意を引くように工夫する。また，表紙は1ページ以内の長さに収める。表紙の掲載内容が半ページ程度で終わるような時には，後半に質問を掲載することもある。

　挨拶状（図9-1）を用いない場合，表紙（図9-2）に記載する具体的な内容は

「キャリア意識に関する調査」
ご協力のお願い

拝啓　新緑の候，皆様にはお元気でおすごしのこととお慶び申し上げます。

このたびわたくしども△△△△では，大学生のキャリア支援制度の充実をめざして，**キャリア意識と就労動機のかかわりを明らかにすること**を目的にした質問紙調査を実施することになりました。調査対象者は○○大学○○学部 4 年在籍者の中から無作為に選んだ 200 名の方々です。調査結果は論文としてまとめて学術雑誌に掲載する予定です。

ご回答は無記名でお願いし，得られたデータはすべて統計的に処理し，研究期間終了後に**廃棄します**。プライバシーの保護には十分に配慮し，ご回答の内容は本調査以外の目的には使用いたしませんので，ご迷惑をおかけすることはございません。ぜひとも率直なご意見をお聞かせください。なお，本調査におきましては，ご回答の返送をもって参加への同意をいただいたものとさせていただきます。

・質問紙は 6 ページ，**質問は 30 問**，回答にかかる時間は約 10 分です。
・お答えになりにくい質問は無回答で結構です。
・質問紙ご返送の**締め切りは□月□日です。**（当日消印有効）
・ご希望の方には調査結果の概略を郵送あるいはメールでお送りいたします。
・同封のボールペンはご回答への御礼の品です。どうぞお受け取りください。

　調査に関してお問い合わせがある場合は，お手数ですが下記調査責任者までご連絡ください。
　お忙しい時期に勝手なお願いでたいへん恐縮ですが，調査の趣旨をご理解のうえご協力くださいますよう，何卒よろしくお願いいたします。

　　　　　　　　　　　　　　　　　　　　　　　　　　　　　　　　　　敬具

　　　　　　　　　　　　　　　　　　　　　　　　　　　　20××年×月×日

　　　　　　　　　　　　所属先：
　　　　　　　　　　　　調査責任者：役職・氏名
　　　　　　　　　　　　住所：
　　　　　　　　　　　　問い合わせ先：電話（固定／携帯）・FAX 番号
　　　　　　　　　　　　　　　　　　　メール・アドレス（PC／携帯）
　　　　　　　　　　　　　　　　　　　URL

図 9-1　挨拶状（例）

以下のようなものである。挨拶状があれば，表紙には調査全般に関してとくに重要な情報のみを明記しておく。以下の説明で＊がついている項目は，挨拶状があれば表紙に記載しなくてもよい。

1　調査のタイトル

　(1) 調査対象者は主にタイトルから調査内容を推測するので，調査テーマや目的を包括的かつ簡潔に表し，積極的に回答したいと思わせる魅力的な表現が望ましい。調査対象者の属性を考慮に入れつつ，興味を引くようなものにする。

　(2) 調査テーマや目的を厳密かつ詳細に示すタイトルより，やや抽象度が高いもののほうがよい。あまりに厳密なタイトルは守備範囲が狭くなり，回答者の興味を失わせて回収率を下げたり，回答者が調査者の意図を推測し，それに沿った回答内容にしたりするような影響を与える。

　(3) 説明的で長すぎるタイトル，漠然としすぎてわかりにくいタイトル，専門用語を用いたタイトルは避ける。サブ・タイトル（副題）を使えばより限定的かつ明確にしぼり込んで調査内容を伝えることができる。たとえば，「若年女性のキャリア意識調査―ライフコース選択―」「キャリア形成に関する意識調査―職業観と就職活動―」などである。メイン・タイトルは15字程度がよい。

　(4) 回答前に調査テーマや目的を明らかにすると回答に影響を与えてしまうことが予想される場合，タイトルを異なるものにしたりごく曖昧にしたりすることがあるが，集合調査法の場合はその場ですぐにディブリーフィングを行える（遠山, 2007）。しかし，郵送調査法などではディブリーフィングをすぐには行えない。そのような場合は，挨拶状や表紙で説明する目的や意義で調査の重要性を強調する一方で，タイトルは抽象度をかなり高めた表現にしておく。

2　調査実施年月

　調査実施年月（日付は必要なら記載）を書いておく。項目6の依頼と謝辞の後に記してもよい。

3 調査対象者への挨拶

「調査へのご協力をよろしくお願いいたします」などの調査への協力を依頼する短い挨拶を掲載する。

4 調査に関する説明

(1) 調査目的と意義＊

ごく簡潔に目的（用途）と意義をまとめる。2～3行程度の長さでよい。回答協力への意欲を高める重要な働きをする。回答への協力が非常に重要で有意義なことを調査対象者に伝えるためにも必要な箇所である。

(2) 調査対象者を選んだ理由と手続きの説明＊

なぜ当該調査対象者を選んだか，どこから住所などを手に入れたかについて簡潔に説明する。この説明がないと調査対象者は不信感をもつ。

(3) 回答者への倫理的配慮

調査者が回答者のプライバシーや守秘義務をどのようにどの程度守る用意があるか，回答者の権利にどの程度配慮するかを伝える部分である（7-3参照）。また，希望者には調査結果を送付することを知らせる。倫理的配慮の具体的な内容は次に示したような点である。

　①自発性・非強制　　答えたくない質問がある場合には無理に答えなくてもよい。調査への協力は自発的なものであって強制ではなく，回答を拒否できることも明確に述べる。
　②守秘義務　　回答はデータとして統計的に処理し，調査目的以外には使用しないことを明らかにする。
　③匿 名 性　　無記名で回答を求めて匿名性を保障しプライバシーを守る，個人情報は第三者に提供しない，データの不正利用を防止する，研究終了後にデータを廃棄するなど，回答することで迷惑を被ることはないことを伝える。
　④利益と不利益＊　　もし必要なら，調査への協力の有無が回答者に利益あるいは不利益をもたらさないことを伝える。

⑤リスクと利点＊　調査に協力することにリスクあるいは利点があれば，それについて説明する。

⑥結果の送付　希望者には概略的な調査結果を送付する。そのためには送付先住所と氏名を記述してもらう必要がある。守秘義務はしっかりと守ることを明記しておく。調査結果の報告について回答者に事前に知らせて約束することは，調査対象者に信頼感を与える。パネル調査では必須条件である。調査結果を送付する代わりに，ウェブサイトに掲示するという方法もある。

(4) 質問紙のページ数・質問数・およその回答所要時間

　質問紙（冊子）のページ数，質問の合計数，回答にかかるおよその時間を書いておく。回答所要時間は回収率を左右するので慎重な検討が必要である。たとえばWeb調査法では，調査紹介画面で事前に知らせる回答所要時間が長くなるほど（10分，20分，30分），回答を始める人も全問回答する人も減少する（Galesic & Bosnjak, 2009）。

(5) 回収方法と締め切り日等

　郵送調査法なら質問紙の回収（返送）方法と締め切り日（返信期限・回収日），留め置き法なら質問紙の回収にいつ訪問するかなどについて明記する。見落としがないよう，この部分は太字にするあるいは下線を引いておく。土日に回答する人が多いことが予想されることから，締め切りは月曜日か火曜日にするのが妥当である（島崎, 2002）。

(6) 謝礼の内容＊

　謝礼（現金，図書カード，ポイントなど），謝品（文房具，企業の商品など）があれば，その内容を説明しておく。

(7) 調査結果の発表先・使い道＊

　卒業論文／修士論文を執筆する，報告書を作成する，ジャーナルに論文を掲載する，ウェブサイト上で発表するなどを告知しておく。調査を実施する段階でははっきり決まっていない場合は，「…の予定」と記述しておく。マーケティ

ング・リサーチで新製品の開発や広告・販売の参考にするような場合は，調査結果の使い道を明確にし，それ以外には使用しないことを伝えておく。

(8) 助成機関名と助成内容＊
　助成を受けての調査の場合は，ごく簡単に助成機関名と助成内容について触れておく。

5　回答記入にあたっての注意事項
　質問紙法による調査は自記式であるので，回答記入にあたっての注意事項や重要な情報を必ず記載しておく（9-3参照）。

6　調査協力の依頼と回答前の謝辞＊
　項目3の挨拶の箇所と重なるが，協力への前もっての謝辞「ご協力ありがとうございます」を回答記入にあたってのお願いの最後に書いておく。

7　調査主体の自己紹介・連絡先・所属先
　調査の責任の所在を明らかにするための情報である。調査主体の氏名（組織名）・役職・所属先・連絡先（住所，電話番号，メール・アドレス，URL／URI）を書いておく。調査実施年月を項目6の後にするなら，その後に記してもよい。連絡先は，不明・不信な点や質問がある時に問い合わせる先として記述しておく。できるだけ会社や研究室などにして，個人のプライベートな住所や携帯電話番号やメール・アドレスなどは書かないようにする。個人の場合は，調査のためだけに使用するメール・アドレスをプライベートなものとは別に用意する方法もある。また，調査を調査会社などに委託する場合は，調査委託元の会社名などについても掲載しておく。

8　整理番号記入欄
　表紙の右下あるいは左下に「整理番号＿＿＿＿」と記した欄を作成しておき，無記名で返送されてきた質問紙の整理作業の際に通し番号（ID番号）を記入する。回収順に番号をつけるより，質問紙がこれ以上返送されることはないと

判断した段階で，男女別，雇用状況別，組織別などもっとも重要な変数を1つ選んで質問紙を分類し，それに基づいてID番号をつける。パソコンへのデータ入力や解析の時に回答者の分類上最重要の属性がわかりやすくて便利である。自由回答などを調べる時にも利用できる。しかし，ID番号から個人が特定されないよう注意しなければならない。

9-3 表紙に記載する注意事項

回答記入にあたっての注意事項は，「ご記入にあたってのお願い」のようなタイトルをつけて質問紙の表紙に必ず掲載しておく。以下に事項の内容を説明し，具体的な例を図9-2に掲載する。

1　回答者
調査協力を依頼された本人のみしか回答できないことを明記する。

2　無記名回答
回答者の氏名を質問紙や返信用封筒に書く必要はない。また，回答は強制ではないので，答えにくい場合には無理に回答する必要もない。この2点を必ず書いておく。

3　回答方法
回答方法は，選択回答法の場合，該当する回答選択肢のコード番号に○をつけてもらう方法と回答記入欄に選択肢番号や文字を記入してもらう方法のどちらであるかを説明しておく。回答記入方法が統一されているなら，注意事項で一括して説明しておけば，質問紙の中で質問ごとに説明する必要がなくなる。たとえば，「質問への回答は，特に指示のない限りあてはまる回答選択肢の項目番号に○をつけてください」「質問への回答は，特に指示のない限りあてはまる回答選択肢の項目番号を記入欄にご記入ください」などである。

「キャリア意識に関する調査」

　本調査は，○○大学○○学部4年生の中から無作為に選んだ200名のみなさまを対象に，キャリア意識と就労動機のかかわりを明らかにすることを目的として実施されるものです。

　回答者のプライバシーの保護に配慮し，**無記名**によるご回答は統計的に処理して研究期間終了後にデータを廃棄しますのでご迷惑をおかけすることはございません。なお，ご回答の返送をもって調査参加への同意をいただいたものとさせていただきます。

・冊子は6ページ，質問は30問，回答にかかる時間は**約10分**です。
・質問紙ご返送の**締め切り**は□月□日です。（当日消印有効）

　ご希望の方には調査結果の概略を郵送またはメールでお送りいたします。ぜひとも率直なご意見をお聞かせください。お忙しいところを誠に申し訳ございませんが，ご協力をよろしくお願いいたします。

<u>ご記入にあたってのお願い</u>
(1) この質問紙には，<u>封筒の宛名にお名前のある調査対象者ご自身がお答えください</u>。
(2) 質問紙は回収後すべて整理番号に従って取り扱いますので，あなたのお名前を<u>質問紙や返信用封筒に記入していただく必要はございません</u>。
(3) お答えになりにくい質問については，無記入でも結構です。
(4) 質問への回答は，特に指示のない限り<u>あてはまる回答選択肢の項目番号に○をつけてください</u>。
(5) 質問への回答で，回答選択肢にあてはまる項目がない場合には，「その他」の項目番号に○をつけ，（　　　）内に具体的な内容を簡単に記入してください。
(6) ご記入は，鉛筆あるいは<u>黒か青のボールペン</u>などでお願いします。回答を訂正する場合は，前の回答を消しゴムで消すか×印をつけるなどして，訂正したことを明示してください。
(7) ご記入が終わりましたら，封筒に質問紙を入れ封入のうえご返送ください。

20××年×月×日

所属先：
調査責任者：役職・氏名
住所：
問い合わせ先：電話（固定／携帯）・FAX番号
　　　　　　　メール・アドレス（PC／携帯）
　　　　　　　URL

整理番号_____

図 9-2　質問紙の表紙（例）

4　回答選択肢の「その他」

質問への回答で，回答選択肢の中にあてはまる項目がなければ，「その他」の番号に○をつけ，その後ろの（　　）に具体的な内容を簡潔に書いてもらう。

5　筆記具

筆記具は，鉛筆，ボールペン，万年筆などできるだけ黒か青のものを使用してもらう。後で行うエディティング（訂正・加筆・削除）の際に，赤やグリーンなどを用いれば回答と区別がつけやすい。

6　回答の訂正

回答を訂正する場合は，先に書いた回答を消しゴムで消すか，×印をつけるなどして，訂正したことを明示してもらう。

7　返送方法

封筒に回答済みの質問紙を入れて封入してから返送するよう依頼する。留め置き調査の場合は，質問紙回収の日付けを記入しておくあるいは後日連絡する旨を書いておく。

9-4　最終項目群

最終項目群の内容を以下に説明する（図9-3）。

1　調査への意見や感想の記述依頼

調査への感想や意見を自由に記述してもらう空欄を必ず設ける。3, 4行分で十分である。スペースがたくさん残っていても，そこを無制限にすべて自由記述に使用してもらうのではなく，自由に回答できるスペースを枠で囲んだり下線で示したりしておいて，回答量をコントロールする。

2　調査結果の報告希望の有無および連絡先・氏名の記入依頼

調査結果を希望する回答者には報告書や概略などを送付する旨を書いて記入

欄を設けておき，送付先の氏名と住所，メール・アドレスなどの記入を依頼する。調査結果をウェブサイトに掲載する場合は，この依頼を書く代わりに，いつ頃掲載するか予定を知らせておく。

例）
　①本調査の結果報告をご希望の方は，送付先のご住所とお名前のご記入をお願いします。

　②調査結果の概略をご希望の方には，後日郵送あるいはメールでお送りいたします。お名前とご住所あるいはメール・アドレスどちらかのご記入をお願いします。

3　後日の面接調査への協力依頼

　質問紙調査の回答者を対象に，後日面接調査を行う予定であれば図9-3のような協力の意図に関する質問をし，氏名と連絡先の記入欄を作っておく。ここに記入した回答者の回答を検討し，回答内容から判断して適切な人を選んで面接を依頼する。調査結果希望者と重なる場合も考えられるので，その場合は住所氏名を書く手間が二度にならないよう注意する。

4　調査協力への回答後の謝辞および回答についての最終チェック依頼

　回答に協力してもらったことへの感謝の気持ちを述べる。また，記入もれがないか回答の最終チェックの依頼が必要である。この後に「締め切りは〇月〇日です（当日消印有効）」と記述することもある。

例）
　①謝　　辞
・調査へのご協力をどうもありがとうございました。
・お忙しいなかをご協力いただき，たいへんありがとうございました。

　　　　　　　　以上で質問は終わりです。ご回答ありがとうございました。

・調査へのご意見・ご感想などがありましたら，以下に自由にお書きください。
_____
_____
_____

・調査結果の概略を後日郵送あるいはメールでお送りいたします。
　ご希望の方は，お名前とご住所あるいはメール・アドレスのどちらかをご記入ください。

お名前：_____
ご住所：〒
_____

メール・アドレス：
_____

・本調査のテーマについてさらに詳しく調べるために，今回の回答者の中から○○名の方を対象に面接調査を実施する予定です。ご協力いただけますか。

　1. ぜひ協力したい　　2. スケジュールが合えば協力してもよい　　3. 協力できない

　ご協力いただける方は，以下にお名前と電話番号あるいはメール・アドレスのどちらかご都合のよいほうをご記入ください。後日ご連絡いたします。調査結果ご希望の方はこの欄へのご記入は不要です。

お名前：_____
ご連絡先：_____

・調査へのご協力をどうもありがとうございました。
　ご回答の記入もれがないかお確かめのうえ，同封の返信用封筒に入れてご返送ください。

図 9-3　最終項目群（例）

②最終チェック依頼
・回答もれがないか,最後にご確認をお願いします。
・ご回答の記入もれがないかお確かめのうえ,同封の返信用封筒に入れて○月○日までにご返送ください。

9-5 質問紙の体裁

　質問紙は体裁,すなわち見た目によって印象が大きく異なる。回答者がまず最初に目にし手に触れるものであることから,質問紙のサイズ,紙質,色,印刷／コピーは重要な検討要因である。どのような体裁にするかは予算にもよるが,ここでは回答者が良い印象をもつのはどのようなものかという視点から検討する(表9-1)。

1　質問紙（冊子）のサイズ

　質問紙は冊子にすると回答しやすい。冊子は,A4サイズの用紙を横とじにして使用すると回答しやすそうに見えてちょうどよい大きさである。片面印刷なら表紙も含めて6～8ページ以下におさめる。A3サイズの用紙にA4サイズを2枚並べて2つ折にした冊子は,読みやすくページを繰りやすい。これらの他にB5サイズもよく用いられる。B5サイズを横に2枚並べてB4サイズ1枚におさめて,それを2つ折りにして冊子にする方法である。このサイズではスペースに余裕がなくて一度にたくさんの質問が目に入り,質問数が多いという印象を与えて回答拒否を招く恐れがあるので,レイアウトに工夫が必要である。

2　紙　　質

　紙は予算範囲内で,できるだけ質のよいものを用いるとよい。丈夫なだけでなく,調査全体の信頼性レベルが高い印象を与える。裏の文字が透けて見えるような安くて薄い紙では破れやすく長期保存がしにくい。高品質でも,分厚かったり重かったりすると持ち運びに困るだけでなく,郵送調査法ではコストが高くなる。質問紙だけでなく,発送用封筒と返信用封筒についても,あまり厚手の封筒を使用しないほうがよい(島崎,2002)。

3 紙の色

　一般的には白あるいはオフホワイトである。しかし，ベージュ，黄色，緑，ピンク，ブルーなどの淡い色がついているほうが温かみのある印象を与え，目の疲れも少なく，回答意欲を高められる。濃い色は文字が読みにくいので避ける。

　頻繁に調査を繰り返す場合およびパネル調査や再調査などを行う場合，質問紙の色を変えることで，どの調査で使用した質問紙であるかが一目でわかって，分類する時に非常に便利である。同一調査でも，たとえば夫と妻，親と子などにより色を別にすることは，回答者だけでなく調査者の分類間違いを減らすためにも大いに役立つので，予算が許せばお薦めしたい。

4 印刷・コピー

　印刷あるいはコピーについては，片面と両面どちらも可能である。紙を無駄にしないこと，またページ数を少なくすることを考えれば，両面のほうが優れている。表裏の両面使用をすれば紙1枚以内ですむ質問数なら両面でよい。

　しかし，両面にすると，調査対象者に実際以上に質問数があるような印象を与えることがある。また，2ページ以上になる場合は，分厚くなりすぎなければ，片面のほうが見やすく，後で整理・編集・入力する際にも便利である。

9-6 質問紙の書式

　質問紙は，適度に余白があって文字が読みやすく，簡単に回答できそうだという印象を調査対象者に与え，協力意欲を高めるようなものがよい。そこで，書式については以下のような点を検討しておく（表9-1）。

1 書式設定

　横書きにして行数は少なめにする。1行の文字数は30字〜40字程度にする。行間は適度に空けて読みやすいようにする。

2 文字のサイズ

　11あるいは12ポイント程度が読みやすい。最低10.5ポイントは必要である。

調査対象者の年齢を考慮し，中高年者が対象なら文字は大きめにする。

3 文字のフォント

フォントは質問紙全体で統一し，読みやすいものを選ぶ。たとえば，日本語は明朝体（MS 明朝など）やゴシック体（MS ゴシックなど），英語では Times New Roman などが読みやすい。重要な箇所のみゴシック体，太字，下線，大文字などにして，情報や指示の見落としが起こらないようにする。ただし，太字や下線などの箇所の数が多すぎると結局は注意が向かなくなるので，数をしぼる。

誤字，脱字，かなづかいの誤り，ミスプリントなどがあると調査に対する信頼感を失わせるので，校正は念を入れて行う（林, 1975）。

表9-1 質問紙の体裁と書式

I. 質問紙の体裁

1 質問紙（冊子）のサイズ
質問紙は冊子にすると回答しやすい。A4 サイズの用紙を横とじにして使用すると回答しやすそうに見える。

2 紙　質
予算範囲内で，できるだけ質のよいものを用いる。丈夫なだけでなく，調査全体の信頼性レベルが高い印象を与えられる。

3 紙の色
一般的には白あるいはオフホワイトである。しかし，淡い色がついているほうが温かみのある印象を与え，目の疲れも少なく，回答意欲を高められる。

4 印刷・コピー
片面と両面どちらも可能である。

II. 質問紙の書式

1 書式設定
横書きにして行数は少なめにする。1 行の文字数は 30 字〜40 字程度にする。

2 文字のサイズ
11 あるいは 12 ポイント程度が読みやすい。

3 文字のフォント
フォントは質問紙全体で統一する。日本語は明朝体やゴシック体など，英語では Times New Roman などが読みやすい。

9-7 質問紙のレイアウト

レイアウトでは accessibility がもっとも優先される（Leman, 2010）。初めて質問紙や Web ページ画面の質問を見た調査対象者が「きちんと作成され，レイアウトも整然としている」という印象を受けることは，回収率を上げ調査を成功させる1つの重要な要因である。「答えにくそう，質問が多そう，複雑そう，わかりにくそう」などという印象を与えるレイアウトは回答拒否を招くので，極力避ける。「簡単に答えられそう，やさしそう，短時間ですみそう」な印象，つまり accessible な印象を与えるよう工夫する。しかも，印象は印象だけで終わるのではなく，答えやすそうな質問紙は実際に回答しやすいことが多い。

以下にレイアウトについて大切なポイントをまとめておこう（表9-2）。

1　質問と文字の適切な数

1つのページ（スクリーン）に質問や文字を詰め込みすぎない。とくに，回答者が最初に見る1ページ目はゆとりのあるレイアウトになるようにする。質問紙全体の質問数が非常に少なければ，全質問を1枚（1ページ）に収めるのがよい。回答しやすく，集計も楽である。しかし，文字を小さくしたり漢字を多数使用したりスペースを減らしたりして，無理矢理1枚にするのはかえって印象が悪い。

2　ページの記入

表紙にはページを入れない。2枚目から1ページとする。ただし，表紙から質問を始める場合は表紙を1ページとする。

3　余白の必要性

文字が多すぎるという印象を与えないためには，適度な余白の量が鍵となる。上下は3センチ程度あけておく。質問紙の冊子を作成する際には，左側2カ所あるいは左上1ヶ所を留めるので，その分の余白を計算に入れ，左右も2センチ程度はあけておく。

余白が少ないと回答の正確さが失われやすいので，質問間，文字間，行間の

スペースも狭めすぎないよう，ある程度のゆとりをもたせる。

4　質問項目番号のつけかた

　質問項目番号は，質問紙全体で統一して連続的に表示する。質問紙がいくつかのサブ・テーマに区分されていても，番号は連続させる。1, 2, 3…の順に通し番号で並べると後でデータ入力がしやすい。サブ・テーマごとにⅠ，Ⅱ，Ⅲ…とローマ数字などを用いて，同じサブ・テーマの複数の質問は同じ箇所に集めて並べる。

　順序表示には次の3種類がよく使用される。

(1) 問1　問2…

　サブ・クエスチョン（SQ：sub-question, 枝質問）がある時には問1-1，問1-2などのように記す。

(2) Q1　Q2　Q3…

　サブ・クエスチョンがある時にはQ1-1, Q1-2などのように記す。

(3) 1. 2. 3. …

　ドットを用いるタイプである。1、2、3、のような読点は用いない。サブ・クエスチョンがある時には1-1. 1-2. などのように記す。ドットがないと，質問文や回答選択肢で用いられている数字とまぎらわしいことがある。

5　漢字とカタカナの割合のバランス

　漢字あるいはカタカナの占める割合が高まると，答えにくそうだとかわかりにくそうだという印象を与えやすく，回答拒否を招きかねない。とくに漢字が多いと，むずかしそうあるいは堅苦しそうという印象を与える。割合のバランスを考えよう。

6　回答のしかたの統一

　回答選択肢を選ぶ際に○をつけるのか数字を選ぶのかなど，回答のしかたはなるべく全質問で統一する。ただし，既存尺度を使用する場合は，その尺度で

指定された回答のしかたに従う。

7　回答選択肢の並べ方の統一

　回答選択肢は原則として縦並びであるが，選択肢数が少なければ横並びでもよい。同一質問紙内ではすべての質問の回答選択肢の並べ方を統一しておく。選択肢番号に○をつけたりチェックしたりする場合は，選択肢間のスペースが狭すぎると，どの番号に○をつけているかを後で判読しにくいことがあるので，少し間をあけておいたほうがよい。回答選択肢はあいうえお順，ABC順，数が少ないものから多い物順など，ある一定の法則に従って並べると回答やすい。

8　質問の同一ページ内へのまとめ

　質問が途中で次のページ（スクリーン）にまたがらないようにする。回答者が目と手をあまり動かさずに回答できるように，回答は質問文と同じページ内ですませられるようにする。回答欄や回答選択肢だけが次のページにいくこともあってはいけない。次のページにまたがりそうな場合は，質問の順序を変えたり，行間のスペースを増減させるなどの工夫をして，2ページにまたがらないようにする。回答選択肢の数が非常に多くてどうしても1ページ内に収まらない場合は，選択肢のみ別紙に掲載し，回答はメインの質問紙の回答欄に記入してもらうという方法もあるが，これは最後の手段としたい。

9　質問文と回答選択肢の区別

　回答選択肢と区別するために，質問文を太字にする，フォントをゴシックにする，大きめのサイズの文字にするなどの工夫をすることも時には効果的であるが，通常はとくに区別する必要はない。余白をうまく使って区別すればよい。

10　ビジュアル的わかりやすさ

　教示文を注意深く読まなくても間違えずに回答できるよう，ビジュアル的にわかりやすいレイアウトにする。カラープリントやスクリーンの場合は，色の変化で指示内容がわかるようにすると間違いが減るが，多色使いは避ける。

11　重要箇所の強調

　回答者にどうしても読んでもらいたい箇所は，下線，太字，ゴシック体などの他，枠で囲むなどで強調する方法もある。しかし，あまり強調箇所が多いと結局目立たなくなる。カラープリントやスクリーンなら，カラフルになりすぎないよう注意しながら，他とは異なる色を使用することで強調できる。

12　フィルター・クエスチョン後の進行指示

　フィルター・クエスチョンを用いた場合，該当する人あるいはしない人が次にどの質問に進めばよいか迷わないように，矢印で進行先を指示したり，「○ページの問○に進んでください」などと教示文で指示を出したりする。

13　行間の利用

　行間を多めにあけたり教示文を入れたりして質問間の区切りを明確に示す。質問紙の内容がいくつかのサブ・テーマに分かれている場合は，新しいサブ・テーマの質問に変わるということがわかりやすいように，行間や教示文を利用する。

14　回答欄のまとめ

　同じスタイルの質問文と回答選択肢を繰り返して用いるユニットが複数続く場合は，回答欄を1つの表にまとめ，テーブル型質問（表13-5参照）にする。

15　回答欄の位置

　多人数の回答者の場合には，質問ごとに回答選択肢に○をつけるより，回答欄を質問紙の片側にまとめて，選択肢番号を数字で記入してもらっておいたほうがデータ入力しやすい。

16　自由回答欄のスペース明示

　自由回答を記入するための自由回答欄は，下線を引く，（　）で囲む，枠で囲むなどによってスペースを明示し，同時に回答量をコントロールする。

表9-2 質問紙のレイアウト

1　質問と文字の適切な数
　1つのページ（スクリーン）に質問や文字を詰め込みすぎない。

2　ページの記入
　表紙にはページを入れない。2枚目から1ページとする。

3　余白の必要性
　上下は3センチ程度あけておく。左右も2センチ程度はあけておく。質問間，回答選択肢間，文字間，行間にゆとりをもたせる。

4　質問項目番号のつけかた
　質問項目番号は，質問紙全体で統一して連続的に表示する。質問紙がいくつかのサブ・テーマに区分されていても，番号は連続させる。順序表示には（1）問1　問2，（2）Q1　Q2，（3）1．2．などがある。

5　漢字とカタカナの割合のバランス
　漢字あるいはカタカナの占める割合が高まると，答えにくそうな印象を与えやすく，回答拒否を招く恐れがある。

6　回答のしかたの統一
　回答選択肢を選ぶ際に〇をつけるのか項目番号の数字を記入するのかなど，回答のしかたはなるべく全質問で統一する。

7　回答選択肢の並べ方の統一
　回答選択肢は原則として縦並びであるが，数が少なければ横並びでもよい。

8　質問の同一ページ内へのまとめ
　質問が途中で次のページ（スクリーン）にまたがらないようにする。回答欄や回答選択肢だけが次のページにいくことも避ける。

9　質問文と回答選択肢の区別
　回答選択肢と区別するために，質問文を太字にする，フォントをゴシックにする，大きめのサイズの文字にするなどの工夫が必要なこともある。

10　ビジュアル的わかりやすさ
　教示文をきちんと読まなくても回答のしかたがビジュアル的にわかりやすいレイアウトにする。色を効果的に使い分けると間違いが減る。

11　重要箇所の強調
　回答者にどうしても読んでもらいたい箇所は，下線，太字，ゴシック体，カラーなどの他，枠で囲んで強調する方法もある。

表 9-2　質問紙のレイアウト（続き）

12　フィルター・クエスチョン後の進行指示
　フィルター・クエスチョンを用いた場合，該当する人あるいはしない人が次にどの質問に進めばよいか迷わないように，矢印や教示文で進行先を指示する。

13　行間の利用
　行間を多めにあけたり教示文を入れたりして質問間の区切りを明確に示す。

14　回答欄のまとめ
　同じスタイルの質問文と回答選択肢を繰り返して用いるユニットが複数続く場合は，回答欄を1つの表にまとめ，テーブル型質問にする。

15　回答欄の位置
　多人数の回答者の場合には，回答欄を質問紙の片側にまとめて回答選択肢番号を数字で記入してもらう。

16　自由回答欄のスペース明示
　自由回答欄のスペースを明示するとともに，回答量をコントロールする。

10 質問の種類と順序

　質問紙に用いる質問の種類は多数あり，質問の順序に正解があるわけでもない。調査目的，調査対象者にふさわしいものをその都度あつらえて作っていくしかない。本章では質問にどのような種類があり，それらをどのような順序で並べることで回答者により正しく意図を伝えられるかについて検討する。

■10-1　質問の種類

　調査で用いる質問はいろいろな基準によってさまざまに分類することができる。ここでは質問紙法による調査において有効な質問という点から，3つの分類法を紹介する。これらを参考に，質問をうまく組み合わせて質問紙を作成していただきたい。

1　質問の内容による分類1

(1) 経験・行動に関する質問（experience/behavior question）
　経験，行動，活動，習慣などに関する質問

(2) 心理面に関する質問（psychographic question, psychographics）
　信念・態度・価値観・興味・意見・感情・パーソナリティ・感覚・ライフスタイルなどのサイコグラフィック特性（サイコグラフィックス）に関する質問

(3) 知識に関する質問（knowledge question）
　知識・情報などに関する質問

(4) 記憶に関する質問（recall question）
　過去に起こったことや過去の行動などに関する質問

(5) デモグラフィック特性に関する質問（demographic question, demographics）
　年齢・性・人種・教育レベル・婚姻状況・職業・収入・宗教・居住地域・家族構成などのデモグラフィック特性（デモグラフィックス）に関する質問

2　質問の内容による分類 2
　こちらは質問の内容に基づくパットンによる分類（Patton, 1990）である。

(1) 経験・行動に関する質問（experience/behavior question）
　経験，行動，ふるまい，活動などに関する質問

(2) 意見・価値に関する質問（opinion/values question）
　意見，意図，目標，判断，信念などに関する質問

(3) 感情に関する質問（feeling question）
　経験したことや周囲で起こっていることへの感情および感情的反応に関する質問

(4) 知識に関する質問（knowledge question）
　知識，事実，あるいは事実だと信じていることについてもっている情報に関する質問

(5) 感覚に関する質問（sensory question）
　視覚，嗅覚，触覚，聴覚，味覚などに関する質問

(6) デモグラフィック特性に関する質問
　1の（5）と同じ。

3　質問の目的による分類

(1) オープン・クエスチョン（open question）

　ある事柄についてどのような知識，経験，関心，意見，態度などをもっているかを調べるため自由に回答してもらう質問。とくに複雑な事実を全体的に捉えるのに適している。

(2) 理由のクエスチョン（why question）

　なぜそのような意見であるのか，なぜそのような行動をするのかなど，理由，判断，動機を追及するための質問である。

(3) 選択のクエスチョン（choice question）

　事実，態度，意見，知識，経験，感覚，印象などの内容，程度，頻度を明らかにするための質問。回答選択肢の中からもっともふさわしいものを選択してもらう。

(4) フィルター・クエスチョン（filter question）

　回答者を分類するための質問。スクリーニング質問，濾過質問とも言う。ある事柄についての知識，経験，関心，意見などの有無，内容，程度，頻度をチェックする。いいかげんな回答を防ぎ，正確なデータを得るために必要な質問である。

(5) サブ・クエスチョン（sub-question：SQ，付随質問：contingency question）

　フィルター・クエスチョンの直後に続けて用いる関連質問。全員ではなく該当者だけにたずねるための質問。回答する条件を備えた回答者のみを対象にすることができる。

(6) 捨てのクエスチョン（waste question）

　質問全体の流れをスムーズにする，緊張を緩める，親近感を与える，話題を変えるなどの消極的な目的のために用いる，集計や分析の必要がない質問（新，

2005)。どんな内容でもよい。調査テーマの理解に直接的には役に立たない質問であるが、回答を促進する効果をもっている。

10-2 デモグラフィック項目

　デモグラフィック項目（表10-1）は、性、年齢、婚姻状況、教育レベル、職業、家族構成および末子の年齢、居住地域、人種などデモグラフィック特性についての質問である。働く人を対象にする場合には、職種、役職、勤続年数なども含まれる。他にも、準項目として所属先、学部などがある。デモグラフィック項目は全質問の最後にするのが一般的である。しかし準項目については、とくに回答者のプライバシーの問題がなければ質問紙の冒頭にもってきてもよい。

　デモグラフィック項目は多くの場合独立変数（カテゴリー変数あるいは連続変数）として用いられ、分析にはきわめて重要である。しかし、プライバシーや個人情報にかかわるデリケートな内容の項目が多く、慎重に扱わなければならない。使用には倫理的な面からの検討も必要である。また、たとえ分析に必須の変数であっても、回答するかどうかを決めるのは回答者であり、無理に回答を求めることはできない。無理に求めれば、調査への協力拒否やクレームが発生する恐れがある。

　デモグラフィック項目を質問として使用する際には、以下のような工夫や配慮をしておこう。

1　不必要に詳細な情報は求めない。

　個人情報やプライバシーに関わる情報であるため、使用には慎重さや倫理的配慮が求められる。不必要に詳細な情報は求めない。調査目的に適い、分析や解釈にどうしても必要な項目のみ選択して、回答選択肢をあまり細分化しないようにする。

2　質問紙の最後にまとめて配置する。

　以前は質問紙冒頭の第1ページに掲載されていたのでフェイス・シート（face sheet）と呼ばれていたが、近年では一般に質問の最後にまとめる。個人

情報やプライバシーに関わる情報であるため，最初に置くと，警戒心を抱かせたり回答拒否が増えたりするからである。「最後にあなたご自身について伺います」「以下はここまでのご回答を分析するために必要な質問です。よろしかったらお答えください」などの教示文に続けてデモグラフィック項目群の質問を掲載すると回答者に判断を委ねることになり，回答することへの心理的抵抗が少なくなるであろう。

3　回答は個人データではなく集合データとして扱う。

回答は個人データとしてではなく全体的な集合データとして扱い，個人のプライバシーに触れないようにする。

4　回答者が特定される恐れがある場合は使用について慎重に検討する。

回答者の人数が少なくて，デモグラフィック項目に関する質問に回答すると回答者が特定されてしまう恐れが予想される場合は，質問として用いるかどうか慎重に検討する。

表 10-1　主なデモグラフィック項目

1　基本項目 　性　年齢　婚姻状況　教育レベル（学歴，教育年数）　職の有無
2　職業に関する項目 　職業　職種　就業形態（雇用形態）　収入　役職　職級　勤続年数 　労働時間　職歴　勤務先の規模（全従業員数）　勤務先の産業区分
3　家族に関する項目 　家族構成（世帯構成）　世帯収入　子どもの年齢（末子の年齢） 　父母の職業　父母の教育レベル
4　居住に関する項目 　居住地　居住形態　出身地
5　そ の 他 　人種　宗教　エスニシティ
6　準 項 目 　所属先　所属部課　学部　専攻　学年

10-3 注意が必要なデモグラフィック項目

　デモグラフィック項目の使用に際して，とくに注意が必要な職業，年齢，収入，教育レベルの4項目について以下に具体的な説明を加える。

1　職　　業

　職業についてたずねる質問では，回答選択肢の明確で適切な分類が非常に困難である。一方，回答者自身の状況からもどの回答選択肢がふさわしいか判断がむずかしい時がある。両方の意味におけるむずかしさをなくすためには，想定される調査対象者のデモグラフィック特性をあらかじめよく検討しておき，可能な限り現実に対応した大まかな職業分類選択肢を作成するしか方法はない。
　むずかしさの理由は以下の5点である。

(1) 職業の専門化・多様化
　近年職業が専門化・多様化しているので正確に細かく分類しようとするときりがない。分類のしかたがむずかしいだけでなく，質問紙のスペースの関係上，あまり詳しい分類は掲載できないということもある。調査によっては職業の欄を自由回答にする場合もあるが，回答者がどの程度まで詳しく記入すればよいかわからないため詳細さのレベルがまちまちになったり，後の分析が複雑になったりするので，有効な質問のしかたとは言えない。
　これらの点を考慮して職業は大雑把に分類し，「その他（　　　）」の回答選択肢を必ず作成しておく。その際，調査対象者の属性や調査目的によってどのような職業分類が適切かを検討しなければならない。例①と②は，かなり分類のしかたが異なることがおわかりいただけるであろう。

　例）①あなたの職業はどれですか。

　　1. 公務員　　　　　5. 自営業　　　　　　　　　　9. その他（　　　）
　　2. 会社員　　　　　6. 専門職（弁護士・医師など）　10. 無職
　　3. 管理職・会社経営　7. 学生
　　4. 自由業　　　　　8. 専業主婦

例）②職業は次のうちどれですか。
　　1. 販売職・サービス職　　5. 専門職・技術職　　9. 専業主婦
　　2. 技能職・熟練職　　　　6. 経営・管理職　　　10. 学生
　　3. 一般作業職　　　　　　7. 自営業　　　　　　11. その他の職業（　　　　）
　　4. 事務職　　　　　　　　8. 自由業　　　　　　12. 無職

(2) 複数の回答選択肢に該当する職業

　職業の内容から言って複数の回答選択肢に該当する場合どれを選べばよいのか回答者は迷う。回答選択肢は1つしか選べないのが普通であるから，たとえば県立病院の医師が回答する場合，例①の分類では公務員と専門職のどちらに○をすべきか迷う。当該調査では回答者の職業のどの部分がわかれば変数として分析の際に役立つのかを見極めて，できるだけ大まかに分類して回答しやすいようにするしかない。

(3) 複数の職業

　回答者が複数の職業や立場をもっている場合，どれを選んで回答すればよいのか迷うこともある。回答を求める際には調査目的を考慮して，「あなたの職業はどれですか」に続けて，以下の①から④ののうちもっとも適切な質問文を書いておく。

例）あなたの職業はどれですか。
　　①複数の職業がある場合は，もっとも長い時間を費やしているものを1つお選びください。
　　②複数の職業がある場合は，もっとも収入の多いものを1つお選びください。
　　③複数の職業がある場合は，もっとも大切なものを1つ選んでください。
　　④複数の職業がある場合は，主なものを1つ選んで○をつけてください。

(4) 非正規社員の雇用形態の多様化

　近年は雇用形態が社会的資源配分における不平等を産み出していることか

ら，回答者の社会階層や経済的状況についての理解を深める情報として，以前にも増して雇用形態の重要性が高まっている。雇用形態は一般的には，正規社員（正社員，正職員）と非正規社員（非正社員，契約社員，嘱託，アルバイト，パート社員，準社員，人材派遣会社の登録社員など）に分類される。非正規社員の雇用形態が多様化し，呼称や定義が企業によってさまざまで統一されていないことに注意が必要である。

(5) 既婚就労女性の分類

既婚女性の会社員は，「会社員」と「主婦」という回答選択肢があるとどちらを選ぶか迷う。このような場合は，職業分類の選択肢に「主婦」ではなく「専業主婦」を入れておけば迷わずにすむ。

2 年　　齢

多くの女性回答者がもっとも回答をためらうものの1つが年齢にかかわる質問である。たとえば，「おいくつですか（○月○日時点）」あるいは「差し支えなければ，あなたの年齢を教えてください」と質問し，自由回答法で年齢を「（　　　）歳」と具体的に数字で記入してもらうのが一般的な質問のしかたであるが，30代以上の女性のなかにはかなりの抵抗感をもつ人がいる。

具体的な年齢が分析に不可欠というのでなければ，10歳刻み（例①）あるいは5歳刻み（例②）など幅をもたせた回答選択肢を準備しておき，その中から選んでもらうようにしたほうが抵抗感が少ない。年齢の分類幅は調査の目的や分析に合わせて決める。下記の例より小刻みでも大まかでもよいが，できるだけ大まかに分類しておいたほうが正直な回答を得やすい。また，以前なら満年齢か数え年なのかを明らかにした質問文を作成したほうがよかったが，高齢者を対象にした調査でなければ，今はそのような区別をしなくても満年齢で回答してもらえる。

　例）①あなたの年齢は以下のどれに該当しますか。該当する番号に○をつけてください。

　　1. 20歳未満　　　3. 30代
　　2. 20代　　　　　4. 40代以上

例）②あなたの年齢を教えてください。
  1. 20～24歳   4. 35～39歳
  2. 25～29歳   5. 40歳以上
  3. 30～34歳

3　収　　入

　回答者がもっとも抵抗を感じる質問は収入（所得）にかかわるものである。「あなた個人の月収は税込みでどのぐらいですか」「あなたの世帯全体の年収は手取りでどのぐらいですか」などの質問に金額を具体的に記入してもらうことはほとんど不可能である。年齢と同様に，いくらか幅をもたせた回答選択肢を準備しておこう。調査の目的や分析に合わせて，下記の例より小刻みあるいは大まかな分類にする。たとえば例①の選択肢2に該当者が多いことが予測される場合は，例②のように分類をさらに細かくする。

例）①あなた個人の年収は税込みでどのぐらいですか。該当する番号に○をつけてください。
  1. 200万円未満   4. 800～1,000万円未満
  2. 200～500万円未満   5. 1,000万円以上
  3. 500～800万円未満

例）②あなた個人の年収は税込みでどのぐらいですか。該当する番号に○をつけてください。
  1. 200万円未満   4. 400～500万円未満
  2. 200～300万円未満   5. 500～800万円未満
  3. 300～400万円未満   6. 800万円以上

　回答選択肢は予想される最小額から始めるのではなく，それより少ない金額の選択肢から始めるとよい。いくつかの回答選択肢のうちから最小額の選択肢を選ぶことは，収入に関することであるので回答者の自尊心を傷つける恐れがある。回答者に正社員が少ないことが予想されれば，年収の分類は低い選択肢

から始め，例②のように低い額のところの分類を細かくする。無職の人が回答者に含まれる可能性がある時には，無職の場合は収入についての質問に回答しなくてもよいようにする。回答者のプライバシーに踏み込む恐れのある質問と回答選択肢を作るには，事前の知識と配慮が必要である。

4 教育レベル

　教育レベル（学歴）については，回答者の年齢および職業など他のデモグラフィック特性から推測し，できるだけ実態にかなった分類の回答選択肢を用意する。比較的厳密にたずねたいなら，回答選択肢を細分化し（例①），在学中の回答を含むか否かについての説明を加える（例②）。回答者が比較的高学歴で大まかに分類すればよいなら例③のようにする。

　年齢の高い回答者が含まれている場合には学制が現在とは異なる可能性があるので，その点の事前チェックをし，たとえば例①のように旧制中学校，高等女学校などを含む回答選択肢を示す。

例）①あなたが最後に卒業されたのは次のどれですか。（中退は卒業に含まれません）

1. 中学校（旧制小学校）
2. 高校（旧制中学校，高等女学校）
3. 専門学校
4. 短大・高専
5. 大学（旧制高専）
6. 大学院
7. その他（　　　　　）

例）②あなたが<u>最後に卒業</u>なさったあるいは<u>在学中</u>の教育機関は次のどれですか。（中退は卒業に含まれません）

1. 中学校
2. 高校
3. 専門学校
4. 短大・高専
5. 大学・大学院
6. その他（　　　　　）

例）③あなたは次のどれに該当なさいますか。(中退は卒業に含まれません)
　　1. 専門学校卒・短大卒・高専卒
　　2. 大学卒・大学院卒
　　3. その他（　　　　　）

■10-4　質問順序

　質問順序を決める際には，質問の内容から判断すれば，次のような並べ方と配置のルールが役に立つ（表10-2）。

1　簡単な質問からむずかしい質問へと並べる。

　簡単な質問から回答に時間がかかるむずかしい質問へと並べる。調査内容に対する回答者の関心が徐々に高まるようにすることが望ましい。

2　事実に関する質問から意見・意識・感情に関する質問へと並べる。

　同じテーマについての質問なら，事実や行動について先に質問してから，意見・意識・感情など事実より回答しにくいことについて質問する。

3　一般的な質問から個別（特殊）質問へと並べる。

　同じテーマについての質問なら，一般的な質問を先にして，その後に個別（特殊）の質問をする。

4　過去に関する質問から現在の質問へと並べる。

　時間的な流れを重視する。過去から現在へと時間の流れに沿う質問の順序にする。

5　知識に関する質問は後半に配置する。

　知識に関する質問は後半に配置する。回答者が自分の能力を試されているような気がして協力意欲を失う恐れや不快に思う可能性があるからである。

6　重要な質問は中間あたりに配置する。

　重要な質問は質問紙の前から3分の1から中間あたりにもっていく。後ろすぎると，疲労感や飽きなどから無回答やいいかげんな回答が増える。たとえばWeb調査法では，前半3分の1の質問と後半3分の1の質問を比較すると，同じ質問でも，後半の方が反応時間が短くなりかつ自由回答の文字数が減少するなど，データの質が低下するリスクがある（Galesic & Bosnjak, 2009）。

7　プライバシーにかかわる質問はできるだけ最後のほうに配置する。

　回答者はプライバシーにかかわる質問にはあまり積極的に回答しない。調査への協力を拒否されるかもしれないと予測される質問は前半におかないで，できるだけ後半，それも最後のほうにもってくる。質問文にも配慮し，「差し支えなければ，あなたの〇〇を教えてください」「よろしければ，〇〇についてお答えください」などの表現を用いる。

8　デモグラフィック特性に関する質問は最後に配置する。

　回答者のデモグラフィック特性に関する質問は，プライバシーにかかわるデリケートな質問であることが多いので，最後に配置する。前のほうに配置するとそこで回答拒否を招く恐れがある。ただし，学年，学部・専攻，所属部課程度なら，最初に置いても問題はない。

9　総合評価と個別評価の並べ方に注意する。

　商品や事柄を評価する際に，感性にかかわる評価を求める時は好き嫌い，良い悪いなどの総合評価を先にたずね，次に高い安い，大きい小さいなどの個別評価について質問する。客観的な評価を求める時には，逆の順序にする（酒井，2001）。

10　キャリー・オーバー効果に注意する。

　ある質問項目への回答がその次の質問項目への回答に与える影響をできるだけ少なくするように並べる（Bradburn, Sudman & Wansink, 2004）。つまり，キャリー・オーバー効果（carry-over effect：持ち越し効果。先の質問項目の

内容が，後の質問項目への回答のしかたに影響を与えること）が生じるような順序は避ける。下記例で①の質問の後で②の質問をすると，「賛成する」という選択肢を選ぶ人が，②の質問だけをする場合あるいは質問の順序を入れ換える場合より多くなるであろう。前の質問で先入観を与えておいて次の質問をすれば，当然回答は前の質問の影響を受ける。このような効果が予測される場合は，2つの質問の順序を逆にするか，離して配置する。

例）
　①あなたは男性の育児休業取得を義務として導入する日本の企業が増加していることをご存知ですか。
　②あなたの勤務先企業が男性の育児休業取得を義務として導入することに賛成ですか，それとも反対ですか。

表 10-2　質問の並べ方と配置のルール

1	簡単な質問からむずかしい質問へ
2	事実に関する質問から意見・意識・感情に関する質問へ
3	一般的な質問から個別（特殊）質問へ
4	過去に関する質問から現在の質問へ
5	知識に関する質問は後半に配置
6	重要な質問は中間に配置
7	プライバシーにかかわる質問はできるだけ最後のほうに配置
8	デモグラフィック特性に関する質問は最後に配置
9	総合評価と個別評価の並べ方に注意
10	キャリー・オーバー効果に注意

10-5　質問順序デザインのガイドライン

　質問の順序は回答に影響を与える。そこで，質問の順序をデザインするに際して大切な原則をガイドラインとして以下にまとめる（表10-3）。厳密に見て

いけば相互に矛盾するようなものもある。部分にこだわるより質問全般の体系的な流れを重視して順序を決めることが望ましい。

1 全質問の構造（流れ）を把握しておく。

調査テーマ→サブ・テーマ→各質問項目となる構造を頭に入れて、全質問項目の流れを把握しておく。地図を描くように並べて、わかりやすい図に示してみるのが効果的である。

2 論理的な構成でかつ心理的に自然な流れにする。

論理的な構成に基づきつつも、回答者が心理的に自然な反応ができるような全体的な質問の流れを作る。回答者の予想を裏切らない順がよい。回答者が質問に飽きたり疲れたりして無回答や無責任な回答が増えないように、頭を悩ますことなく負担感や抵抗感をできるだけ感じずに自然に回答できるように順序を決める。

3 サブ・テーマは体系的な構成になる順序で並べる。

回答しやすくするためには、前のサブ・テーマの内容と関連づけやすい内容のサブ・テーマを次に続けて、質問の論理的な展開がわかりやすい順に並べる。サブ・テーマを前後で関連づけることができない時は、テーマとテーマの間を捨てのクエスチョンでつないでもよい。あるいは、「ここからは○○についての質問です」「つぎに○○についてお伺いします」などの前置きの教示文を間にはさむと回答者は頭の切り替えがしやすい。

4 相互に関連する質問をサブ・テーマごとにまとめる。

相互に関連する質問をサブ・テーマごとにまとめる。どのサブ・テーマにも入れられない質問があれば、それが本当に必要かどうか確認し、必要でないなら削除しよう。キャリー・オーバー効果を避けるためには、関連する質問を離して配置しなければならず、このガイドラインに抵触し、質問紙全体のまとまりがなくなる可能性が高いため、ケースバイケースで検討する必要がある（田渕, 2010）。

5　質問相互間のコンテクストの影響を考慮しつつサブ・テーマをまとめる。

　各質問のコンテクストが相互に与える影響を考慮しつつ，サブ・テーマごとに一貫性のある質問項目群を構成する。コンテクストは質問や回答の解釈に影響するので慎重に考える（Bradburn, Sudman & Wansink, 2004）。

6　最初の質問にはすべての回答者が回答できるようにする。

　最初の質問は，小説や映画の導入部分と同じように重要な箇所である。全員に回答を求める質問とし，誰でも回答できるような簡単で直接的な内容にする。最初の質問はまた，調査に対する回答者の警戒心や心配を和らげるという役目も担っている。現在の行動や活動や最近の経験など，中立的で，率直かつ簡単に答えられる，事実に関する質問がよい。捨ての質問にしてもよい。質問紙全体の内容に回答者が興味をもって協力する気になってもらえそうなものが優れている。

7　最初のほうに退屈な質問をもってこない。

　調査対象者が回答に協力するか否かは，ふつうは最初のいくつかの質問を見てから決めるので，最初のほうに退屈な質問をもってこないように，興味深いと思わせるような質問をもってくるようにする（Bradburn, Sudman & Wansink, 2004）。最初にかきたてた興味が継続するようにすることも必要である。

8　質問順序効果（順序バイアス）に注意する。

　質問の順序や位置が回答に影響を与える質問順序効果（question order effect）あるいは順序バイアス（order bias）に注意が必要である。集合調査法や郵送調査法の場合は自記式であるので，回答者は回答前に質問の内容をすべてチェックすることができ，好きな順に質問に答えることができる。しかし，構造化面接法や電話調査法の場合は他記式で，面接者（調査員）が質問を読み上げるので，質問すべてを回答前に見ることができないだけでなく，次に何をたずねられるかもわからない。しかも前の質問にもどったり順序を変えたりす

ることはほとんど不可能である。そのため面接法のほうが質問順序効果が大きくなる（Mangione, 1995）。なお，調査員を用いた調査で，調査員の性，年齢，外見，パーソナリティ，能力，質問内容に関する知識，質問のしかたなどの態度やふるまいが人によって異なることが回答に影響を与え偏りを発生させることを調査員バイアスと言う。

表10-3 質問順序デザインのガイドライン

1　全質問の構造（流れ）を把握しておく。
　　調査テーマ→サブ・テーマ→各質問項目となる構造を頭に入れて，全質問項目の流れを把握しておく。
2　論理的な構成でかつ心理的に自然な流れにする。
　　論理的かつ体系的な構成に基づきつつも，回答者の予想を裏切らず，心理的に自然な反応ができるように全体的な質問の流れを作る。
3　サブ・テーマは体系的な構成になる順序で並べる。
　　質問の論理的な展開がわかりやすい順に並べるようにする。
4　相互に関連する質問をサブ・テーマごとにまとめる。
　　サブ・テーマごとに相互に関連する質問をまとめる。
5　質問相互間のコンテクストの影響を考慮しつつサブ・テーマをまとめる。
　　質問間のコンテクストの影響を考慮しつつ，一貫性のある質問項目群を構成する。
6　最初の質問にはすべての回答者が回答できるようにする。
　　全員に回答を求める質問とし，だれでも回答できるような簡単な内容にする。
7　最初のほうに退屈な質問をもってこない。
8　質問順序効果（順序バイアス）に注意する。
　　質問の順序や位置が回答に影響を与える質問順序効果あるいは順序バイアスを避ける。

11 質問作成

　質問のしかたは回答に大きな影響を与える。同じ順序で同じ内容の質問であっても，質問のしかたが異なれば回答も異なる。そこで本章では，正確な回答を求めるためには避けるべき質問，あるいは注意の必要な質問として，誘導質問，虚偽の回答を招きやすい質問，ダブル・バーレル質問，反応バイアスを招きやすい質問などについて解説する。最後に，質問のあいまいさをなくしわかりやすく教示するという観点から，質問と教示の作成に的をしぼったガイドラインをまとめる。

11-1　誘導質問

　誘導質問（leading question, loaded question）とは，回答者が調査者の意図に従って回答するよう導く質問である。誘導質問の弊害は，得られた回答が事実を示す正確なデータではない点にある。あわせて，誘導することによって回答者に悪い印象を与えて調査全体の信用を落とす危険性もはらんでいる。無回答や回答拒否を招く恐れもある。誘導質問は，質問作成に際してもっとも気をつけて避ける必要のあるものである。どのような質問が回答を誘導しやすいかについて以下にまとめておこう。

1　語尾の表現に価値や判断を含む質問

　「……は当然ではありませんか？」「……には困りませんか？」「……すべきですか？」など質問の語尾を価値や判断を含んだ表現にすることは，調査者の意図や期待を明らかに示し，回答を誘導する。とくに，回答者がその問題にはっきりとした態度をもっていない時や十分に理解していない時に強く誘導してしまう（Iarossi, 2006）。

2　社会的圧力を伴う質問

「社会問題になっている」「世間で一般に信じられている」「多くの人／たいていの人がそう思っている」「最近流行している」などの社会的圧力（同調圧力）を伴うような言葉を用いた質問も，回答を誘導する。たとえば，「近年，20代の男女の投票率の低さが大きな社会問題になっています。あなたは今回の投票に行くつもりですか」という質問文に対しては，20代の男女が「はい」と答える率が高くなるであろう。あるいは，「世間では日本の不況が長引くと言われていますが，あなたはどう思いますか」と聞かれると，「長引くと思う」と表明する回答が多くなる。

3　イエス・テンデンシーを招く質問

イエス・テンデンシーは次の2つの異なる回答傾向を意味する。

(1)「……についてどう思いますか」のように自由に回答選択肢を選べる質問に比べて，二項選択法で回答を求める質問は誘導質問になりやすい（Patton, 1990）。なぜなら，典型例である「はい，いいえ」「賛成，反対」のように，肯定的な回答選択肢を選ぶほうが心理的な負担が少ないため，「いいえ（反対）」よりも「はい（賛成）」が選ばれやすい傾向があるからである。この傾向をイエス・テンデンシー（是認傾向：yes-tendency，黙従傾向：acquiescence response）と言う。知識の有無をたずねる質問でも「無知は恥」という規範にしばられて，イエス・テンデンシーを招きやすい（山田，2010）。また，同じような内容の複数の質問が長く続く場合にもイエス・テンデンシーが発生しやすい。反復的な質問に飽きてきて，注意力が散漫になり，機械的に回答するようになるのである。この弊害を防ぐため，尺度では逆転項目を用いることがある。これらとは別に，単に性格的に反対や否定をしたがらない人もいる（Dörnyei, 2003）。

(2) 質問文の内容にかかわりなく，「あなたは……に賛成ですか」という質問に対しては賛成，「あなたは……に反対ですか」という質問に対しては反対を選択する回答者が増える傾向がある。それぞれイエス・テンデンシーとノー・テンデンシー（否認傾向：no-tendency）と言う。イエス（ノー）・テンデンシーは，回答者が自分の意見をはっきりと決められない，よくわからない，回答へ

のモチベーションが低いなどの場合に発生しやすい。このような誘導を避けるためには，「……についてあなたは賛成ですか，それとも反対ですか」というようなバランスのとれた中立的な質問文を用いる。とくに社会的な問題についての意見を求める場合は，賛否両論を併記する。

なお，イエス・テンデンシーとまぎらわしい回答傾向にイエイ・セイイング（yea saying）がある。こちらは，「良い」を「非常に良い」，「悪い」を「非常に悪い」のように，実際より大げさに回答する傾向である（Aaker, Kumar, Day & Leone, 2011）。

4　威光効果（ハロー効果，光背効果，暗示効果）のある質問

いい意味あるいは悪い意味でも，著名で影響力が強い人名や職業名を使用すると回答を誘導する威光効果が少なからずある（辻・有馬，1987）。権威のある組織名も同様である。「犯罪心理の専門家」や「○○省の審議委員会」などの意見や提案は，回答を「賛成」に誘導する効果がある。

5　ある前提を事実と想定した質問

「あなたは毎日何分ぐらい新聞を読みますか」というような質問は，回答者が新聞を毎日読むという前提に基づいており，それが当然という調査者のバイアスがかかっている。新聞を毎日読まない人の回答を誘導しないためには，この質問より先に「あなたは新聞を読みますか」とたずねてフィルターをかけ，「毎日読む」から「まったく読まない」まで講読の頻度について複数の選択肢を用意し，そのうち「毎日読む」と答えた回答者にのみサブ・クエスチョン「毎日何分ぐらい読みますか」で読む時間について質問する。

11-2　虚偽回答・タテマエの回答を招きやすい質問

質問紙調査の回答は自己申告であることから主観的データであることは免れない。しかも，たとえ匿名で回答を求めても，回答者は必ずしも正直には答えない。すべての回答を全部同じ選択肢番号にするというような悪意をもった虚偽の回答はほとんどないが，虚偽やタテマエや自己欺瞞（self-deception）の回

答を交えることがある。そのような回答を招きやすい質問を以下にまとめる。

1　虚偽回答・タテマエの回答を招きやすい質問

(1) 倫理・道徳に関する質問

　社会で一般に道徳的に価値が高いとか正義とされている事柄に関する質問である。社会的弱者や格差に関する質問も含まれる。事実に反しても，自分も支持したり行動したりしていると回答しやすい。たとえば，選挙前の調査では「必ず投票に行く」と回答する人の率が実際の投票率より高くなる。震災直後の調査なら「震災の被害者を支援するため募金活動を行いたい」という類いの意見の支持率は非常に高いため，個人間の意見の差が明確にできない。

　一方で，違法行為の経験やその内容などは非常にデリケートな質問で，無回答や虚偽回答を招きやすい。

(2) プライバシーに関する質問

　プライバシーを明かしたくないため，事実とは異なることを答える。収入，教育レベル，年齢，住所，婚姻状況，性的指向，飲酒・喫煙，国籍，人種などにかかわる質問が典型例である。

(3) 正直に回答するのが恥ずかしいと思わせる質問

　ありのままのことや本当のことを正直に回答すると恥ずかしいとかみっともないと感じる質問である。年齢や収入や学歴などを偽る，持っていないのに持っていると見栄をはって答える，知らないのに知っているふりをする，興味も関心もない事柄なのにあると回答をする。自分には実際以上に価値があると軽度の自己幻想をもって，事実とは異なる回答をする場合もある（Dörnyei, 2003）。

(4) 有利な結果をもたらすことを期待させる質問

　「誰が調査し結果がどう使われるか」を意識した時に虚偽やタテマエの回答が発生しやすい。とくに，環境，福祉，賃金などに関する質問に対して，回答者は自分に有利になるよう答えやすい。

(5) 期待されている回答を推測させる質問

　回答者が調査者をがっかりさせたくないために推量で回答する。あるいは，調査者はこんな回答を期待しているのではないかと推測して答える。

2　虚偽回答・タテマエの回答を発生させにくい質問のしかた

　虚偽やタテマエや自己欺瞞の回答をまったく発生させない質問紙を作成することはむずかしいが，以下のようにすれば，発生を少なくすることはできる。

(1) 本音を正直に出しやすいように，回答選択肢を多めにする。

　「はい」や「いいえ」の回答を強制的に求めるより，「どちらかといえばそう思う」を利用したり，評価の段階を増やす。

(2) 率直に答えられる回答選択肢を準備する。

　「知らない」「わからない」「考えたことがない」「答えたくない」などの選択肢を準備する。

(3) フィルター・クエスチョンを利用する。

　フィルターをかけることで，無関係な回答者にいいかげんな回答をさせない。

(4) 回答者の匿名性を守ることを保障する。

(5) 面接調査法ではなく郵送調査法にする。

　調査員が質問をし，回答を記入する面接調査法では，本当のことを答えにくい面があるが，郵送調査法なら正直に回答しやすい。

(6) 虚偽尺度を利用する。

　虚偽や矛盾を見抜くために虚偽尺度（ライ・スケール）を使用することで，回答の真実度を測定する。たとえば，「一度もウソをついたことがない」「一度も約束を破ったことがない」「つねに他人の役に立つことだけを考えている」などである。

11-3　ダブル・バーレル質問

　ダブル・バーレル質問（二重質問：double-barreled question）とは，1つの質問に2つ以上の異なる事柄や論点が含まれている質問である。double-barreledには二連発のという意味の他に，二重目的のという意味がある。3つの事柄や論点が含まれていればトリプル・バーレル質問（triple-barreled question）になる。

　2つ以上の事柄を一緒にして質問すると，回答者はどちらの（どの）事柄に反応して回答すべきかわからなくなる。調査者もせっかくの回答がどちらの事柄への回答か判断できず，結果として正確なデータにならないばかりか，分析に使用できない。複数の事柄を区別する必要のない場合を除き，1つの質問では1つの事柄について問うよう限定する。ダブル・バーレル質問は，質問紙作成の経験豊かな者でもしてしまいがちな，もっとも頻度の高い間違いである（Azzara, 2010）。初心者もベテランもうっかり使用してしまわないよう等しく注意しよう。

　ダブル・バーレル質問は，論点並列型と論点従属型の2種類に分かれる（山田, 2010）。以下に例を挙げて説明する。

1　論点並列型質問

　1つの質問文に2つ以上の論点が含まれかつ並列しているものである。「…や…」「あるいは」はふだんの会話でよく使用されることもあって，質問紙の質問としてしばしば用いられるが，注意を要する表現である。

　例）①登山やハイキングが好きですか。
　例）②ライン（LINE）あるいはツイッターを利用していますか。

2　論点従属型質問

　1つの質問文に2つの論点が含まれ，一方がもう一方に従属するような質問である（山田, 2010）。例③では，海外旅行には行きたいけれど，世界遺産の遺跡には興味がないかもしれない。例④では，実際ジョギングをしていても，足腰をきたえることが目的かもしれない。

例）③海外旅行に行って世界遺産の遺跡を見たいですか。
例）④体重を落とすためにジョギングをしていますか。

3　ダブル・バーレル質問を避ける方法

　ダブル・バーレル質問を避ける方法は，1つの質問文では1つのトピックについてたずねることである。論点並列型質問の例①なら，例⑤のように2つに分けて質問する。

例）⑤ 1. 登山が好きですか。
　　　1. はい　　　2. どちらともいえない　　　3. いいえ
　　2. ハイキングが好きですか。
　　　1. はい　　　2. どちらともいえない　　　3. いいえ

　論点並列型質問のもう1つの解決方法は，例⑥のように，質問はそのままにして回答選択肢を増やし，該当するものに○をつけてもらうことである。

例）⑥登山やハイキングが好きですか。
　　1. 登山が好き　　　　3. 両方とも好き
　　2. ハイキングが好き　4. 両方とも好きではない

　論点従属型質問の例③では，フィルター・クエスチョンの「海外旅行に行きたいですか」に「はい」と答えた回答者のみに，サブ・クエスチョンで「海外旅行に行って世界遺産の遺跡を見たいですか」とたずねる。

11-4　反応バイアスを発生させやすい質問

　質問紙法による調査では反応バイアス（response bias）を完全に防ぐことはできないが，反応バイアスを発生させやすい質問についての以下の説明を参考に，できるだけ発生させにくい質問を作成しよう。

1 両極選択バイアスを発生させやすい質問

両極選択バイアス（beginning-ending list bias）は，回答選択肢が多い時，最初か最後の両極どちらかの選択肢を選ぶ傾向である。回答選択肢が多いと，回答者はめんどうなのですべての選択肢に目を通さないことが多い。その結果，目立ちやすい両極どちらかの回答を選択する。これを避けるためには，あまり必要でない選択肢を削除する，共通性のある選択肢をまとめて再グループ化するなどにより，回答選択肢の数を最大8～10まで減らすのが効果的である。

2 社会的望ましさバイアスを発生させやすい質問

社会的望ましさバイアス（social desirability bias）は，回答者自身がどう思うかより，社会的に受け入れられやすい方向で回答する傾向である。回答者は正直に事実について回答する，あるいは客観的に判断して真実だけを回答するとは限らない。自分を実際よりよく見せるため，社会的に受け入れられやすい内容の回答をするかもしれない。正確な回答を知らないのに「知らない」とは答えず，適当に回答することもある。とくに，質問の内容から調査者がどのような目的と意図で質問をしているかがわかると，回答者は社会的に望ましいとされている回答選択肢を選んでしまう可能性がある。調査者が求めていると思われる回答を選ぶこともある（Leman, 2010）。これらは社会心理学でいうところの印象操作で，意識的あるいは無意識に行われる。

たとえば，援助行動，投票のような選挙行動，地域活動，寄付活動，ボランティア活動，慈善活動についての質問に対する回答は，実際より「行っている」「行いたい」とプラス方向にバイアスがかかりやすい。逆に，病気，交通ルールの違反，犯罪行動，性的行動，喫煙量などについての質問への回答では，実際より「行っていない」「行わない」とマイナス方向に回答が歪む傾向がある。収入・資産・飲酒量については，調査の目的や質問内容次第でプラス方向にもマイナス方向にもバイアスがかかりうる。

3 中間回答バイアスを発生させやすい質問

中間回答バイアス（central tendency bias）は，中間的な回答（中間選択肢）を選ぶ傾向である。「どちらとも言えない」「一概には言えない」「場合による」

などの中間的な回答を用いた質問をすると，日本人を対象にした調査では，これらが選ばれることが欧米諸国の人びとを対象にした場合より多い。とくに5段階や7段階の尺度を用いると中央の選択肢が選ばれる中心化傾向がある。回答者のはっきりとした態度を明らかにしたい時には，このようなバイアスを避けるために「どちらとも言えない」という中間項を除いた偶数段階で回答を求める。

4 記憶バイアスを発生させやすい質問

記憶バイアス（recall bias）は記憶効果（memory effect）とも言う。一般的に言って，過去の出来事や行動や感情を正確に思い出すことは，どのような状況下であってもむずかしい（Converse & Presser, 1986）。質問紙調査においても，記憶質問に対する回答は，回答者が忘れたり記憶違いをしたりして不正確になりやすい。過去の細かい経験や感情を聞いても信頼性のある回答は得られないので，このような質問は適切ではない（直井, 1998）。数値についての記憶にも限界がある。

記憶バイアスを防ぐには，記憶に頼る細かい質問を避ける他はない。どうしてもたずねるなら，記憶に残りやすい事柄（結婚した年や子どもが生まれた年，家を買った年のような印象に強く残りやすい経験，繰り返し長期間行っていた経験など）や正月，クリスマスなどの時期ならある程度正確に記憶しているであろう。また，あまり遠い昔にさかのぼらないようごく近い過去について，具体的に期間を決めた質問をするように配慮する（Mangione, 1995）。さらに，簡潔で短い単文にするというルール（11-7 参照）に反して，できるだけ多くの手がかりを与える長い質問にすることもありうる（Bradburn, Sudman & Wansink, 2004）。それでも，結果は参考にする程度に用いるにとどめておいたほうが良い。

5 極端反応バイアス

極端反応バイアス（extreme response bias）は，たとえば5段階尺度の場合，どのような質問に対しても「大いに賛成」「非常に反対」など両極の選択肢ばかりを好んで選ぶ傾向である。極端反応バイアスは質問を作成する側の問題とい

うより回答者の個人的な傾向であるので，ここでは参考のために例として挙げるにとどめる。この傾向が顕著な回答者の回答はデータとしては用いず無効にしたほうがよい。

11-5 回答者が答えにくい質問

1 回答者に該当しない質問

質問は回答者にふさわしい内容にする。回答者が車をもっているかどうか，働いているかどうかわからないのに「通勤は車で何分かかりますか」などとたずねるのは不適切な質問である（Arksey & Knight, 1999）。調査前にできる範囲で回答者の属性を把握および予測し，該当しない内容の質問の使用は避けることが質問作成の基本的な条件である。

2 デリケートな内容の質問

デリケートな内容の質問とは以下のようなものである。このような質問は必然性がない限り避けた方がよい。

(1) 回答者のプライバシーにかかわる質問
(2) 社会的に望ましくないため正直に回答しにくい質問
(3) 社会規範や法に反する行為に関する質問

これらの情報が分析にどうしても必要な場合には，最小限にとどめて，できるだけ質問紙の最後のほうで質問する。その際，当該の質問文の後なら「データの分析とその結果の解釈をより正確に行うために必要ですので，よろしかったらお答えください」，質問紙表紙の回答協力を求める文章なら導入的に「個人的なことにかかわる質問も若干含まれていますが，回答の分類のために必要な情報ですので，できればご回答をお願いいたします」などと記述しておく。

表 11-1　避けるべき質問・注意の必要な質問

1　誘導質問
(1) 語尾の表現に価値や判断を含む質問
(2) 社会的圧力を伴う質問
(3) イエス・テンデンシーを招く質問
(4) 威光効果（ハロー効果，光背効果，暗示効果）のある質問
(5) ある前提を事実と想定した質問

2　虚偽回答・タテマエの回答を招きやすい質問
(1) 倫理・道徳に関する質問
(2) プライバシーに関する質問
(3) 正直に回答するのが恥ずかしいと思わせる質問
(4) 有利な結果をもたらすことを期待させる質問
(5) 期待されている回答を推測させる質問

3　ダブル・バーレル質問
(1) 論点並列型質問
(2) 論点従属型質問

4　反応バイアスを発生させやすい質問
(1) 両極選択バイアスを発生させやすい質問
(2) 社会的望ましさバイアスを発生させやすい質問
(3) 中間回答バイアスを発生させやすい質問
(4) 記憶バイアスを発生させやすい質問

5　回答者が答えにくい質問
(1) 回答者に該当しない質問
(2) デリケートな内容の質問

6　否定の入った質問
(1) 否定疑問文の質問
(2) 二重否定文の質問

■11-6　否定の入った質問

1　否定疑問文の質問

　否定疑問文「……ませんか」「……ではないですか」などは回答しにくく回答者をまどわせるので避ける方が良い。このような質問は，否定形を使用せずに，反対の意味の動詞や形容詞を用いることで肯定文として表すことができる（Dörnyei, 2003）。たとえば，「出席なさいませんか」なら「欠席なさいますか」に表現を変える。

2　二重否定文の質問

　二重否定文の質問はさらにあいまいで意味を理解しにくい。たとえば，「犯罪を憎まない人はいないと思いますか」「広く情報を求めたければ，ツイッターを利用しないわけにはいかないと思いますか」「フェイスブックでメール・アドレスを公開しないのは適切ではないと思いますか」は答えにくい質問である。それだけでなく，このタイプの質問は回答を誘導しやすい。

　11-1 から 11-6 までのまとめを表 11-1 に示す。

■11-7　質問作成と教示のガイドライン

　正確な回答を得るためにもっとも大切なことは，質問の意味にあいまいさがなく誤解を招かないことである。また，正確な回答をしてもらう環境づくりをするために，質問間を結ぶナビゲーターのような教示文（指示文）や見出しが必要である。これらは質問間の関係や回答の流れを説明する重要な役割を果たす。ここでは，あいまいさの少ない質問およびわかりやすい教示をめざすためのガイドラインをまとめた（表 11-2）。

1　簡潔で短い単文の質問にする。

　回答者が一度読めば正確に意味が理解できるように，質問はできるだけ簡潔で短い単文にする。つまり，質問の構成を複雑にせずシンプルにする。長い文章あるいは複雑な文章を使用すると，意味を誤解されたり，回答を拒否された

り，質問を読んでもらえなかったり，いい加減に答えられたりする可能性が高くなる。仮定法の質問もわかりにくい場合があるので使い方に注意する。

　しかしながら，何が何でも文章が短かければよいというのではない。回答者が意味を誤解しないように提示できれば，どうしても必要な場合は長い質問でも複雑な質問でもよい。たとえば，ある時期あるいはある期間における行動についての質問なら，その期間のことを思い出すようなヒントを書くために長くするということが必要であろう。なんらかの条件を設定したうえで質問する場合は，ある程度長くならざるをえない。

2　フィルター・クエスチョンを利用する。

　多件法ではなくフィルター・クエスチョンを利用して，ある事柄に関心や知識や経験や資格のある回答者のみにサブ・クエスチョンあるいは付随質問への答えを求める。これによって，関心や知識や経験のない回答者の回答を分析対象から除外することができる。多用は避けた方が良いが，回答者を限定して正確なデータを集めたい時に有効な質問である。

　しかし，たとえば知識に関する質問で回答者が「知識がある」と回答したとしても，正確な知識かどうかを確認することはできない。間違った知識を正しいと信じているかもしれないし，知らないと答えることを恥ずかしいと思って「知っている」と答えただけかもしれない。この点には注意が必要である。

3　一般的質問か個人的質問かを区別する。

　ある事柄について一般論として回答者の意見を求める一般的質問と，回答者個人にかかわる事柄として態度や意見を求める個人的質問では回答に相違が生じるので，両者を区別し，調査テーマや目的にふさわしい方を選ぶ。一般的質問にはタテマエ的な回答が出やすく，個人的質問にはホンネが出やすいとも考えられる。たとえば，未婚男性に対する例①と②の質問では異なる回答が返ってくる可能性がある。自分の調査で必要なのはどちらのタイプの質問であるのかを確認しよう。

例）①一般的質問：「夫は妻と同じくらい家事を分担するべきだ」という意見に賛成ですか，反対ですか。
　　②個人的質問：あなたは，結婚したら妻と同じくらい家事を分担するつもりがありますか，ありませんか。

4　質問冒頭の「あなた」の使用の有無は全質問で統一する。

　質問の冒頭に「あなた」を入れるか否かは，質問紙全体の印象にかかわるという意味で重要な問題である。「あなた」を入れたほうが回答者に直接意見を問う印象が強くなり，あいまいさがなくなってよいという意見がある一方，「あなた」を入れると日本語として不自然だという意見もある。判断がむずかしい。使うにしろ使わないにしろ，同一質問紙では統一したほうがよい。ただし，ずっと「あなた」を入れずに一般的質問をし，強調する必要がある質問でのみ「あなた」「あなた自身」と入れて，個人的な意見を求めていることを明確に回答者に伝えるのは効果的な方法である。

5　質問の流れをわかりやすく示す教示文を入れる。

　回答者に質問の流れを把握してもらいやすいように，文意の明確な教示文を適宜入れておくと，回答がスムーズに進む。

例）①あるサブ・テーマに関する質問がいくつか続く前に
　　・ここからはあなたの職業についておたずねします。
　　・以下の質問では趣味について伺います。

例）②デモグラフィック特性に関する質問の前に
　　・最後にあなたの個人的な特性についての回答をお願いします。ご無理のない範囲でお答えください。
　　・最後に個人的な特性についてお伺いします。よろしければお答えください。

例) ③回答者の属性を限定する質問が続く時に
- 以下の質問には65歳以上の方のみご回答ください。それ以外の方は次のページにお進みください。
- ここからは世帯主の方のみご記入ください。それ以外の方は質問〇〇に進んでください。

6　サブ・テーマごとに教示の見出しをつける。

　各サブ・テーマの質問内容について，教示文ではなく，「就労目的」「仕事内容」「趣味」のような教示の短い見出しを用いて明示し，回答者が回答前に次の質問内容を予測しやすいようにする。

7　矢印やレイアウトを工夫する。

　質問や回答選択肢はある程度注意して読まれるとしても，教示文はきちんと読まれない可能性がある。この点を見越して，教示文を読まなくてもその代わりの矢印やレイアウトを見れば迷わないように，また誤答などが生じないように工夫する。

表11-2　質問作成・教示のガイドライン

1　質問作成
(1) 簡潔で短い単文の質問にする。
(2) フィルター・クエスチョンを利用する。
(3) 一般的質問か個人的質問かを区別する。
(4) 質問冒頭の「あなた」の使用の有無は全質問で統一する。

2　教示
(5) 質問の流れをわかりやすく示す教示文を入れる。
(6) サブ・テーマごとに教示の見出しをつける。
(7) 矢印やレイアウトを工夫する。

12 ワーディング

　日常会話と比べて，質問紙で用いる質問や回答選択肢などにはどのようなことば遣いや言い回し，すなわちワーディングがふさわしいであろうか。本章では，質問紙にふさわしい明確なワーディングをめざして，簡潔性，客観性・中立性，具体性，正確さ，丁寧さの5つの条件を設定し，それぞれの条件を満たすための実践的なガイドラインを紹介する。

12-1　ワーディングの微妙な影響

　質問紙調査では，質問文，回答選択肢，教示文を調査者が意図したとおりに回答者に理解・解釈してもらうことが大切である。ところが，ワーディング（語法：wording）がその理解や解釈に非常に微妙な影響を及ぼすことがある。たった一言，一句，一文で，質問全体のニュアンスやコンテクストが変わったり，意味が通らなかったり，誤解を与えたり，不快感を与えたり，バイアスのある表現によって回答を誘導してしまったりする。思いもかけないワーディングのワナがあちらこちらで待ち受けているのである。的確な質問内容や回答選択肢であっても，ワーディングに適切な表現や語彙などを用いなければ，回答者に質問の意味を意図どおりに理解してもらえず，求める回答は得られない。

12-2　明確なワーディングのための5つの条件

　あいまいさが時に人間関係を促進する日常会話とは異なり，質問紙にふさわしいワーディングはあいまいさのない明確なものである。あいまいなワーディングは回答者によって異なる解釈をされるので，全回答者に同じ刺激（質問）を与えたことにならない。しかし，完全にあいまいさをなくすことは不可能で

ある（Schuman, 2008）。また，あいまいさをなくすために詳細に説明するとかえって煩雑な質問文になってしまう。実用に耐える質問文で，できる限りあいまいさのないものにすることが必要である（山田, 2010）。

ワーディングのあいまいさをなくし明確にするための条件としては，簡潔（brief），シンプル（simple），客観的（objective），具体的（specific）の4つの条件が挙げられることが多い（Iarossi, 2006）。本書では，これら4つに加え，正確で，適度に丁寧なことも必要であると考える。そこで，簡潔とシンプルを1つの条件ととらえ，簡潔性，客観性・中立性，具体性，正確さ，丁寧さを明確なワーディングのための5つの条件として提案する。

12-3 ワーディング推敲のガイドライン

簡潔性，客観性・中立性，具体性，正確さ，丁寧さの5つの条件を満たすためにはなにをどのように検討すればよいのか，ワーディングを推敲する際のガイドラインとして以下にまとめる（表12-1）。

1 簡潔性

(1) 文末表現を統一する。

文末表現は「です」「ます」で統一する。また，同じ質問文に対する回答選択肢も，体言止め（名詞止め）なら体言止め，文章なら文章ですべて統一する。

(2) 語句の意味と用語には一貫性をもたせる。

同じ意味の語句には一貫して同じ用語を用いる。たとえば，同じ「仕事」の意味であるにもかかわらず，質問によって「職業」あるいは「キャリア」と表現するなど，異なることばを同義的に使うことは避ける。語句を変えるのは，意味の異なる別の概念を示す時だけ，つまり変える必然性がある時だけにする。一貫性を考慮しないで質問紙を作成すると，回答者を迷わせるだけでなく，どの意味で回答されているのかの解釈に後で苦しむことになる。

元号と西暦の使用についても，一貫性がないと回答者が混乱する。

(3) 自然で平易な表現にする。

　回答者が一度読めば正確に意味が理解できるように，短い文章にして自然で平易な表現や語句を用いる。回答者が質問文を読み返すことはないことを前提にして，誤解が生じないように，複雑な内容の質問や条件つきの質問や難解な語句はできるだけ避ける。誤答や回答拒否が起こる可能性があるばかりでなく，理解しないままいい加減な回答をされてしまうかもしれないからである。さらに，むずかしいことばがわからないと，回答者の自尊心を傷つけることもありうる。複雑な表現がどうしても必要な時は，簡潔な説明を付け加えておこう。

　面接調査法や電話調査法ではとくに，耳で質問文や回答選択肢を聞くだけであるので，一度聞けば間違いなく意味が通じるような表現にする。同音異義語に要注意である。

2　客観性・中立性

(1) 客観的あるいは中立的な表現を使用する。

　客観的あるいは中立的な表現を用いる。誘導的な表現やステレオタイプ的な表現を使用して，回答を特定の方向に導くことのないようにする。とくにステレオタイプ的なことばにはプラスあるいはマイナスの微妙なニュアンスやイメージが含まれ，そのニュアンスやイメージが回答をゆがめる恐れがある。また，ステレオタイプ的な表現の質問をすればステレオタイプ的な回答しか返ってこない。特に性，病気，職業，国籍，宗教，人種などに関する偏見のあることばを使わない。面接者自身は偏見のあることばや誘導的な表現だとは思わなくても，回答者が不快に思うこともありうる。回答者の立場に立って検討しよう。

(2) 主観的かつ断定的な表現は使用を避ける。

　回答者の行動や意識に関する質問で，「……すべきである」「……しなければならない」というような主観的かつ断定的な表現を多用することは，威圧感を与えるだけでなく，客観性に欠け，不快感を招いたり回答を誘導したりする恐れもある。どうしても強調する必要性がある時以外にはできるだけ使用を避ける。

3　具 体 性

(1) 具体的に表現する。

　人によって意味が恣意的に使われる表現，意味が2通り以上に解釈できる表現，解釈の違いが生じやすい表現，漠然としすぎている表現，一般的すぎる表現は，質問の意味があいまいで誤解を招きやすい。しかも，このような表現の質問に対する回答は，解釈の幅が広くなりすぎる傾向がある。結果としてあいまいで不正確なデータを集めることになるので，質問紙の質問ではできるだけ具体的な表現を用いる。たとえば，「サッカーが好きですか」は，サッカーをすることが好きなのか，試合を見ることが好きなのかはっきりと区別できない。以下のようなことばは，質問文と回答選択肢どちらにしても，ことば自体の意味が明確ではないので使用を避けるか，具体的に定義して意味を特定化する。

①副　　詞

　「非常に」「かなり」「しばしば」「よく」「ときどき」「少し」「あまり」「たまに」「ほとんど」「めったに」などの副詞は，どの程度を意味するのか人によって解釈が異なる。「1日に1時間」「1週間に2回」「1ヶ月に3回」「1年に4回」のように数値を用いるなどして，できるだけ具体的に表現する。

②期間を示すことば

　「来週」が日曜日から始まるのか月曜日から始まるのかは，人によって解釈が異なる。「15日（日曜日）からの1週間」などのように起点を明示するべきである。また，「最近」「このところ」なども人によって期間がさまざまで，いつからいつまでかがはっきりしない。「3日前から」や「過去3ヶ月間」や「1月から2月までの2ヶ月間」などと期間を具体的に示す。

③きょうだい

　「きょうだいはなんにんですか」は自分を含むのか，きょうだいは兄弟の意味なのか，それとも姉妹も含んだ意味なのか，義理のきょうだいを含むのか，亡くなった人も含むのかなどが不明である。

④住んでいるところ

「あなたの住んでいるところに愛着をもっていますか」などの聞き方も漠然としすぎていて答えにくいので，市／区なのか街／町なのか，家の近所なのかなど，具体的にしぼったほうがよい。

⑤収入・所得

年収か月収か，税込みか手取りか，個人単位か世帯単位かなどは明確に指定する（10-3参照）。

(2) 指示のあいまいな指示代名詞は使用しない。

　何を指しているかわかりにくい指示代名詞は使わないようにする。前文あるいは前文中のことばを示す「これ，それ，あれ，この，その，あの」などの指示代名詞を使用する場合は誤解が生じないように気をつけて，多用しない。代名詞を用いるより名詞を繰り返すほうがまちがいがなく，具体的でわかりやすい。

4　正確さ

(1) 句読点は正確に使用する。

　句読点は文意のあいまいさを除くためにある。回答者が質問文の内容を正確に把握できるように注意して打つ。また，電話調査法や構造化面接法などの調査員が質問を読み上げるタイプの調査の場合，句読点の打ち方は質問の読み方に影響を与える。句読点の位置が適切ではないと，調査員が意味を誤解して読んでしまって，質問の意味が正確に回答者に伝わらないなどの恐れがある。一方で，句読点を使いすぎると文章の流れをせき止めて読みにくくなる点にも留意しよう。

(2) 助詞や係り結びの使い方を正確にする。

　たとえば「てにをは」のような助詞の使い方や係り結びに誤りがあると，回答者の注意が質問内容よりむしろ質問文の表現の方に向いてしまう。本質的ではなくささいな問題だと思われるかもしれないが，実は回答意欲を削ぐだけでなく，調査全体への信頼感をもゆるがせる恐れがあり，あなどれない点である。

例）①誤：あなたは読書を好きですか。
　　　正：あなたは読書が好きですか。
　　②誤：個人的な質問が意外と多い。
　　　正：個人的な質問が意外に多い。
　　③誤：私は，元気な高齢者が増加していると思える。
　　　正：私は，元気な高齢者が増加していると思う。

(3) 修飾語と被修飾語の位置に注意する。

　修飾語と被修飾語が正確に文の意味を伝える位置に置かれているかどうかに注意を払う。両者の間に別のことばが挟まれると意味がわからなくなったり，作成者の意図とは異なる解釈をされたりする恐れがあるので，被修飾語の直前あるいはすぐ近くに修飾語が来るようにする。

例）①誤：徐々に自分が抱いている価値観が理解できるようになります。
　　　正：自分が抱いている価値観が徐々に理解できるようになります。
　　②誤：なぜキャリアについて自律的に考え選ぶことが，重視されるようになってきたのだろうか。
　　　正：キャリアについて自律的に考え選ぶことが，なぜ重視されるようになってきたのだろうか。
　　③誤：ごくまれだが初めてこの注射をするとショック状態になることがある。
　　　正：初めてこの注射をすると，ごくまれだがショック状態になることがある。

(4) 専門用語，業界用語，抽象的なことば，聞き慣れないことば，多義的なことばは使用しない。

　専門用語，業界用語，抽象的なことば，聞き慣れないことば，多義的なことばはできるだけ避け，平易で一般的な表現で言い換え，正確に意味を伝えるようにする。どうしても必要があってこれらの用語を用いる場合は，簡単かつ明確な定義あるいは説明をしておく。むずかしいため回答を拒否されたり，正確

な意味がわからずにいい加減なあるいは間違った回答をされることを防ぐ手段となる。多義的なことばを用いると，回答者がどの意味に対応して回答しているかがわからないので，結果の解釈の際に困ることにもなりかねない。

とくに注意が必要なことばは専門用語である。調査者が文献を調べて専門的知識を身につけると，専門用語がいつの間にか普通のことばのように思われるようになり，質問文に使ってしまうことが非常によくある。

(5) 日本語は，文章の前半より後半のほうが意味が強く伝わることを理解しておく。

たとえば，例の①と②では文章の前半より後半のほうが意味が強く伝わり，それぞれの文全体としてのニュアンスがかなり異なる。この差を理解しておけば，どのような表現をすれば調査者の意図が回答者により正確に伝わるかについて検討する際に役立つ。

例) ①このパソコンは便利だが高い。
②このパソコンは高いが便利だ。

5 丁寧さ

(1) 適切な敬語を使用する。

適切な敬語（尊敬語，謙譲語，丁寧語）を使用する。回答者の年齢，職業，社会的地位にふさわしいことばや表現を選ぶ。回答者への敬意と感謝を示し，快く回答してもらうためである。しかし，堅苦しい表現や過剰な敬語にならないようにも気をつける。くどい印象や不快感を与えるからである。丁寧さの判断には主観的な面があるので，予備調査などでいろいろな立場の人から意見を聞いたほうがよい。

以下に年齢についての質問の例を丁寧度の低いものから非常に高いものへと順に挙げた。回答者の年齢をたずねるという質問の目的は同じだが，それぞれ微妙にニュアンスが異なる。

例）①年齢：(　　　)歳
　　②何歳ですか。
　　③おいくつですか。
　　④年齢を教えてください。
　　⑤年齢をお教えください。
　　⑥年齢をお聞かせください。
　　⑦よろしかったら，年齢をご記入ください。
　　⑧差し支えなければ，年齢をお教えください。

(2) 話しことば，略語，流行語，俗語は使用しない。

　話しことば（口語体），略語，流行語，俗語は読む者に馴れ馴れしい印象を与える。回答者への敬意を示すためにも，また真剣な態度での回答を求めるためにも，使用は適切ではない。

　さらにこれらの言葉は変化が激しく，とくに世代間で理解に差が生じやすいので，意味を正確に伝えるには難がある。どんな世代の回答者でも，質問を同じ意味で理解・解釈してもらえることが大切である。

表 12-1　ワーディング推敲のガイドライン

1　簡潔性
(1) 文末表現を統一する。
　文末表現は「です」「ます」で統一する。同じ質問文に対する回答選択肢も，体言止めなら体言止め，文章なら文章で統一する。
(2) 語句の意味と用語には一貫性をもたせる。
　同じ意味の語句には一貫して同じ用語を用いる。
(3) 自然で平易な表現にする。
　一度読めば正確に意味が伝わるように，自然で平易な表現を用いる。

2　客観性・中立性
(1) 客観的あるいは中立的な表現を使用する。
　誘導的な表現やステレオタイプ的な表現を使用して，回答を特定の方向に導くことのないようにする。
(2) 主観的かつ断定的な表現は使用を避ける。
　回答者の行動や意識に関する質問で主観的かつ断定的な表現を用いることは，威圧感を与えたり不快感を招いたりするので，できる限り使用を避ける。

表12-1　ワーディング推敲のガイドライン（続き）

3　具体性

(1) 具体的に表現する。

人によって意味が恣意的に使われる表現，意味が二通り以上に解釈できる表現，解釈の違いが生じやすい表現，漠然としすぎている表現，一般的すぎる表現は，質問の意味があいまいで誤解を招きやすい。

(2) 指示のあいまいな指示代名詞は使用しない。

何を指しているかわかりにくい指示代名詞は使用しない。

4　正確さ

(1) 句読点は正確に使用する。

句読点は文意のあいまいさを除くためのものである。回答者が質問文の内容を正確に把握できるように注意して用いる。

(2) 助詞や係り結びの使い方を正確にする。

助詞の使い方や係り結びに誤りがあると，回答意欲を削ぐだけでなく，調査全体への信頼感をもゆるがせる恐れがある。

(3) 修飾語と被修飾語の位置に注意する。

修飾語と被修飾語が正確に文の意味を伝える位置になるように注意を払う。

(4) 専門用語，業界用語，抽象的なことば，聞き慣れないことば，多義的なことばは使用しない。

専門用語などはできるだけ避け，正確に意味を伝えられることばを用いる。

(5) 日本語は，文章の前半より後半のほうが意味が強く伝わることを理解しておく。

5　丁寧さ

(1) 適切な敬語を使用する。

適切な敬語（尊敬語，謙譲語，丁寧語）を使用する。回答者の年齢，職業，社会的地位にふさわしいことばや表現を選ぶ。

(2) 話しことば，略語，流行語，俗語は使用しない。

話しことばなどは変化が激しく，馴れ馴れしい印象を与え，回答者への敬意を示すことができないため使用しない。

13 選択回答法

　質問紙の回答形式は，選択回答法と自由回答法の2種類の質問によって大別される。それぞれに多種多様な形式があるので，求める情報や対象者の属性・人数に合わせて適切なものを選択しよう。

　本章では，まず質問紙法による調査における回答記入法について概説し，続いて選択回答法に関する実践的説明と使用する際の技法についてのガイドラインの紹介を行う。

■13-1　回答記入法

　選択回答法と自由回答法のどちらの形式を選ぶとしても，実際の回答記入の求め方としては以下の3つのどれかになるので，質問内容にふさわしい方法を選択する。

1　回答選択肢あるいは回答選択肢項目番号に○をつけてもらう。

　該当する回答選択肢あるいは回答選択肢項目番号に直接○をつけてもらう方法を用いる場合は，回答欄を別に設ける必要はない。また，該当する選択肢の項目番号に○をつけることをほとんどの質問に共通して求めるなら，各質問ごとに回答法を指示するのではなく，質問紙の表紙の「ご記入にあたってのお願い」に例①のような記述を掲載しておくとよい。回答選択肢の作成に際して，実態に合う適切な選択肢のすべては予測できない場合，「その他（　　　　）」あるいは「その他（具体的に：　　　　）」などの選択肢を入れて，回答者が自由に記述できるスペースを確保しておく（例②）。簡潔な回答を求めるなら（　）の幅を狭く，比較的詳しい記述を求めるなら広く設定しておく。

例）　①質問への回答は，とくに指示のない限りあてはまる回答選択肢の項目番号に○をつけてください。
　　　②質問への回答で，回答選択肢にあてはまる項目がない場合には，「その他」の項目番号に○をつけ，（　　　）内に具体的な内容を簡単に記入してください。

2　数字あるいは文字を記入してもらう。

　該当する回答選択肢の項目番号あるいは文字（abc，イロハなど）を記入してもらう場合は，回答欄を別に設ける。データ入力することを考えると，選択肢の項目番号に○をつけてもらうより，回答欄に数字が並んでいたほうが処理の時間が短く，入力ミスも少なくてすむ。

　自由記述で数字を記入してもらう場合は，（　　　）回や（　　　）時間のように単位を示した回答欄を用意する。

3　文章や単語の自由記述により回答を求める。

　文章や単語の自由記述によって回答を求める質問については，回答者に記述してもらいたい量（たとえば1行）の回答を書き込めるスペースを設ける。回答の求め方が少しでも複雑だったりむずかしかったりした場合，回答ミスが出ないように，回答例を示しておくことも一案である。しかし，この例が回答を誘導しないよう注意する必要がある。

■13-2　選択回答法

　選択回答法（closed-ended question）は，質問文に対して調査者があらかじめ予想して作成したいくつかの回答選択肢，すなわち回答カテゴリーにコードをつけ，そのなかから，該当するものや実態にもっとも近いものを回答者に選んでもらうプリ・コーディング法である。回答をコントロールするのが特徴である。選択回答法によって収集するデータは，量的データとカテゴリカル・データ（内容や属性の違いあるいは一定の順序を示すデータ）に分類される。

13-3 利点と課題

1 利　点
(1) 簡単に回答できる。
(2) 回答選択肢をあらかじめ選んでおくので，すべての回答者に共通の枠組みの中から具体的に回答を選んでもらえる（Converse & Presser, 1986）。
(3) 選ばれた回答選択肢の項目番号をそのままコードとしてコンピューターに入力できるので，データ処理に便利である。
(4) 統計的分析が行いやすい。

2 課　題
(1) 質問紙作成時における適切な回答選択肢の選択がむずかしい。
(2) 無回答（no answer：NA）の場合，意図的に回答しないのか回答し忘れたのかを判断することがむずかしい。
(3) 回答者には回答選択肢以外のものを選ぶ自由がない。該当する選択肢がないのに回答を強制することになったり無回答になったりすることを避けるためには，「意見がない」(no opinion)，「わからない」(don't know, D/K)，「決められない（選択肢を選べない）」(undecided)，「該当しない（非該当）」(not applicable, N/A)，「答えたくない」などの選択肢の提供が適宜必要になる。
(4) 回答選択肢が多いと，両極選択バイアスが発生する恐れがある。つまり，最初（primacy effect）あるいは最後（recency effect）の選択肢が選ばれる可能性が高くなる。郵送調査法では最初の選択肢，電話調査法では最後の選択肢が選ばれることが増える（Dillman, 2007）。この場合は，選択肢の順序を変えた複数種類の質問紙を作って，すべての結果の平均値を調査結果として発表する。インターネット調査では選択肢の順序をランダムに並べた提示ができるので便利である。しかし，両極選択バイアスを除去する最良の方法は，選択肢を10以下の適切な数にすることである。

13-4　回答形式

選択回答法による主な回答形式について、それぞれの特徴と実例を紹介していこう（表13-1）。

1　二項選択法

二項選択法（dichotomous choice question, yes-no question）は、2つのカテゴリー（異なったものや相対立する考え）を回答選択肢として示し、どちらかを選んでもらうもっともシンプルな質問である。「はい」と「いいえ」、「ある」と「ない」、「賛成」と「反対」、「好き」と「きらい」、「そう思う」と「そう思わない」、「支持する」と「支持しない」などが典型的な回答選択肢である。短時間で回答できるので質問項目を多くすることができるという利点がある。もともと2つにしか分類できない性別や経験・知識の有無などのカテゴリーのどちらかをたずねるような質問やフィルター・クエスチョンに向いている。

回答選択肢が2つしかないと情報が限られ大まかなことしかわからないので、例①②でわかるように、特に嗜好や意識や態度のレベルを明らかにしにくい。また、元来あいまいな態度であった回答者にも無理にどちらかを選ばせるので、誘導質問になって正確なデータが得られない可能性もある。二項選択法の使用には注意が必要である。

例）　①ヨーグルトが好きですか、きらいですか。
　　　　　（1）好き　　　　　　（2）きらい
　　　②ヨーグルトが好きですか、それともきらいですか。
　　　　　（1）好き　　　　　　（2）きらい

2　多項選択法

多項選択法（multiple choice question）は、3つ以上の回答選択肢を用いる方法である。以下に紹介する各選択法に共通して注意すべき点は、選択肢の並べ方である。自記式の調査では回答者が2番目以降の選択肢を見ない恐れがあるので、すべての選択肢を見てもらえるように、回答がもっとも多くなると予

想される選択肢は一番最初に置かないようにする（小松, 1999）。

(1) 択 一 式

3つ以上の回答選択肢の中から1つ（single answer：SA）を選んでもらう。選択肢が増えることで，より事実に即した情報を得ることができる。

例）　①くだものを買うときどのような点を重視しますか。もっとも重視することを<u>1つだけ</u>選んで，番号に○をつけてください。

　　　　（1）見た目（サイズ・形・色）　　（6）香り・におい
　　　　（2）味　　　　　　　　　　　　　（7）有機栽培
　　　　（3）新鮮さ　　　　　　　　　　　（8）生産地
　　　　（4）食べやすさ　　　　　　　　　（9）その他（　　　　　　　）
　　　　（5）価格　　　　　　　　　　　　（10）特に重視することはない

二項選択法で回答を誘導しないために，回答選択肢に「どちらともいえない」あるいは「わからない」という選択肢を加え，多項選択法の択一式にすることがある。たとえば「好き」「きらい」「どちらともいえない」という選択肢を用いる場合である。

例）　②ヨーグルトが好きですか，きらいですか。

　　　　　（1）好き　　　　（2）どちらともいえない　　　　（3）きらい

「どちらともいえない」「わからない」は無回答を防ぐために有効であるだけではない。二項選択で回答者が適切だと思う選択肢がなくて無回答になった場合，調査者は回答者が質問を読まずに回答していないのか，適切な選択肢がなくて回答できず無回答になったのか判断がつけられない。「どちらともいえない」「わからない」は無回答をなくし，「はい」でも「いいえ」でもない理由をある程度明らかにする有効な手段である。ただし，あまり頻繁に使用すると回答者はじっくり回答について考える前に安易にこれらを選ぶ可能性が高くなる。

また,「どちらともいえない」「わからない」を選択する回答者が多くなると,後の分析や結果の解釈がむずかしくなるので,むやみに使用することは避ける。

(2) 択 多 式
3つ以上の回答選択肢の中から2つ以上を選んでもらう。

①複数選択法
複数選択法(multiple answer:MA)では,あてはまるものをいくつでも選択してもらう。この方法は自由に選択できて回答しやすい反面,どうしても選びたい重要な回答選択肢だけでなく,たまたま選択肢にあがっていたという理由だけで選んでしまうこともある。重要性を確かめることが必要な時は,選んだ選択肢のなかでもっとも重要なものに◎をつけてもらったり,別の回答欄に選択肢の項目番号を記入してもらったりする。

例) くだものを買うときどのような点を重視しますか。重視することを<u>すべて</u>選んで,番号に○をつけてください。

(1) 見た目(サイズ・形・色)　　(6) 香り・におい
(2) 味　　　　　　　　　　　　(7) 有機栽培
(3) 新鮮さ　　　　　　　　　　(8) 生産地
(4) 食べやすさ　　　　　　　　(9) その他（　　　　　　）
(5) 価格　　　　　　　　　　　(10) 特に重視することはない

②限定選択法
限定選択法(limited answer:LA)では選択数を制限する。制限数は回答選択肢の3割程度を目安にする(酒井,2001)。「3つ」のように回答選択肢の数を指示するものと「3つまで」のように数の上限を指示するものがある。数を指示する場合は,無理矢理その数になるまで選ぶため,不適切なものまで選択することがありうる。そこで,次の項目で取り上げる順位法と組み合わせて,「選んだ回答選択肢に1位から3位まで順位をつけてください」などと回答を求めることもある。

表 13-1　選択回答法による主な回答形式

1　二項選択法
　2つの回答選択肢を示し，どちらかを選んでもらう。
2　多項選択法
（1）択一式
　3つ以上の回答選択肢の中からひとつを選んでもらう。
（2）択多式
　3つ以上の回答選択肢の中から2つ以上を選んでもらう。
　　①複数選択法
　　　あてはまるものをいくつでも選択してもらう。
　　②限定選択法
　　　選択数を制限する。
3　順位法
　複数の項目についてある一定の基準に基づき順位をつけてもらう。
（1）完全順位法
　ある一定の基準に従い，全選択肢の順位づけを求める。
（2）一部順位法
　1位から3位までのように，順位づけを求める項目数を限定する。
4　一対比較法
　3つ以上の項目を順位づけるため，すべての項目を2つずつ対にした組み合わせについて，ある一定の基準に基づきどちらか1つを選んでもらう。
5　数値分配法
　順位だけでなく項目間の重要性の差を測定するため，100点など一定の持ち点を回答者に与え，それを項目ごとに重要だと思う分だけ割り当ててもらう。
6　評定法
　単極尺度上の段階間に等間隔の程度や頻度の差があることを前提にし，複数の段階の中から，提示された文についての回答者の信念，価値観，意見，態度，実態にもっともふさわしい1つを選んでもらう。
7　SD法
　両極尺度の代表例で，あることばや対象に対して回答者が抱いている心理的な意味や評価を測定する。反対の意味をもつ形容詞対を両極においた多数の尺度を用いて対象を評定してもらう。

例)　くだものを買うときどのような点を重視しますか。とくに重視することを3つまで選んで，番号に○をつけてください。

　　　(1) 見た目（サイズ・形・色）　　(6) 香り・におい
　　　(2) 味　　　　　　　　　　　　　(7) 有機栽培
　　　(3) 新鮮さ　　　　　　　　　　　(8) 生産地
　　　(4) 食べやすさ　　　　　　　　　(9) その他（　　　　　　　）
　　　(5) 価格　　　　　　　　　　　　(10) 特に重視することはない

3　順位法

　順位法（ranking method）は，複数の項目についてある一定の基準に基づき順位をつける方法である。品等法とも言う。順位を決めるのが面倒で回答が楽ではない面があり，分析もむずかしいので項目数は少なめにする。3～7項目が適切である（Mangione, 1995）。回答者には判断が困難でも，同順位は認めないほうがよい（岩井，1975）。順位法には次の2種類がある。

(1) 完全順位法

　ある一定の基準に従い，全回答選択肢の順位づけを求める。

(2) 一部順位法

　1位から3位までのように，順位づけを求める項目数を限定する。この場合は，限定選択法よりさらに厳密に回答を求めることになる。

例)　① (A) くだものを買うとき，重視することがありますか。
　　　　　　(1) はい　　　　(2) いいえ　→　質問（C）に進んでください。
　　　　↓
　　　　(B) くだものを買うときもっとも重視することを3つ選んで，（　）内に1位から3位まで順位をつけてください。(9) その他の場合は，重視することを［　］内に具体的に書いてください。

　　　（　）(1) 見た目（サイズ・形・色）　（　）(6) 香り・におい
　　　（　）(2) 味　　　　　　　　　　　　（　）(7) 有機栽培
　　　（　）(3) 新鮮さ　　　　　　　　　　（　）(8) 生産地
　　　（　）(4) 食べやすさ　　　　　　　　（　）(9) その他［　　　　　　］
　　　（　）(5) 価格

例) ② (B) くだものを買うときもっとも重視することを以下から順位別に
3つ選んで，その番号を（　）内に書いてください。(9) その他の
場合は，重視することを [　] 内に具体的に書いてください。

1位（　　　　）　　2位（　　　　　）　　3位（　　　　　　）

(1) 見た目（サイズ・形・色）　　(6) 香り・におい
(2) 味　　　　　　　　　　　　(7) 有機栽培
(3) 新鮮さ　　　　　　　　　　(8) 生産地
(4) 食べやすさ　　　　　　　　(9) その他 [　　　　　　　]
(5) 価格

4　一対比較法

一対比較法（method of paired comparisons）では，3つ以上の項目を順位づけるため，すべての項目を2つずつ対にした組み合わせについて，ある一定の基準に基づきそれぞれどちらか1つを選んでもらう。回答は比較的容易だが，項目数に限度があり，同じ項目が何度も出てきて飽きやすい。集計にも時間と労力がかかる。

例)　くだものを買うとき，以下の2つずつの組み合わせのどちらを重視しますか。(1) から (6) のそれぞれの組み合わせについて，より重視する方の項目の番号に○をつけてください。

(1) ①見た目（サイズ・形・色）　　②味
(2) ①見た目（サイズ・形・色）　　③新鮮さ
(3) ①見た目（サイズ・形・色）　　④価格
(4) ②味　　　　　　　　　　　　③新鮮さ
(5) ②味　　　　　　　　　　　　④価格
(6) ③新鮮さ　　　　　　　　　　④価格

5　数値分配法

数値分配法（constant sum method）は，順位だけでなく項目間の重要性の

差を測定するため，100点，100％など一定の持ち点を回答者に与え，それを項目ごとに重要だと思う分だけ割り当ててもらう方法である。恒常和法とも言う。

例）　もし宝くじで1,000万円当たったら，どのように使いたいですか。
　　　合計100％になるように空欄に記入してください。

　　　(1)　貯金　　　　　　　　　　　　（　　　）％
　　　(2)　旅行　　　　　　　　　　　　（　　　）％
　　　(3)　趣味　　　　　　　　　　　　（　　　）％
　　　(4)　買物　　　　　　　　　　　　（　　　）％
　　　(5)　食費　　　　　　　　　　　　（　　　）％
　　　(6)　教育費　　　　　　　　　　　（　　　）％
　　　(7)　家のローン　　　　　　　　　（　　　）％
　　　(8)　その他（　　　　　）　　　　（　　　）％
　　　　　　　　　合計　　　　　　　　　100　　％

6　評定法

　評定法（rating scale method）は程度および頻度に関する選択法である。評定法のうち，社会科学領域の調査でもっともよく用いられるのがリッカート・スケール（Likert scale）である（Barnette, 2010）。単極尺度（unipolar scale）上の段階（回答選択肢）間に等間隔の程度や頻度の差があることを前提にし，1〜5などの複数の段階の中から，提示された文についての回答者の信念，価値観，意見，態度，実態にもっともふさわしい1つを選ぶ（例①）。多件法で，統計的に処理しやすいのが特徴である。回答方法としては，該当する選択肢の項目番号に○をつけるか番号を回答欄に記入するのが一般的である。何らかの知識や物事の判断を求める場合は，無回答あるいはいい加減な回答を避けるため，「わからない」という選択肢を0（ゼロ）段階として加えることがある（例②）。あるいは，「非該当」や「わからない」などの選択肢を尺度の後ろに付け加えておくこともある（例③）。

13 選択回答法

例） ①仕事に関する次の２つの文章についてどう思いますか。あなたのお気持ちにもっとも近い項目の番号に○をつけてください。

1. 仕事と私生活のバランスがうまくとれている。

(1) そう思わない　　　　　　　(4) まあそう思う
(2) あまりそう思わない　　　　(5) そう思う
(3) どちらともいえない

2. 仕事が生き甲斐である。

(1) そう思わない　　　　　　　(4) まあそう思う
(2) あまりそう思わない　　　　(5) そう思う
(3) どちらともいえない

例） ②日本企業の来年度の新人採用はどうなると思いますか。あなたのご意見にもっとも近い項目の番号に○をつけてください。

1. 留学生の採用が増加する。

(0) わからない　　　　　　　　(3) どちらともいえない
(1) そう思わない　　　　　　　(4) まあそう思う
(2) あまりそう思わない　　　　(5) そう思う

2. 新卒採用が減少する。

(0) わからない　　　　　　　　(3) どちらともいえない
(1) そう思わない　　　　　　　(4) まあそう思う
(2) あまりそう思わない　　　　(5) そう思う

例） ③フェイスブックを利用していて，以下のような経験をすることがありますか，それともありませんか。

1. 長い間連絡をとっていなかった友人から連絡をもらう。

(5) 非常によくある　　　　　　(2) めったにない
(4) よくある　　　　　　　　　(1) まったくない
(3) 時々ある　　　　　　　　　(0) 非該当

2. 日本で災害があると，海外の友人からお見舞いのメールをもらう。

 （5）非常によくある   （2）めったにない
 （4）よくある   （1）まったくない
 （3）時々ある   （0）非該当

(1) 評定段階

　一般的には，3段階から9段階の評定で回答を求めることが多いが，5段階あるいは7段階が使用しやすく，5段階がもっともよく使用されている。段階が少なすぎると大まかな回答しか得られない。一方段階が細かく分かれるほど，それぞれの段階間の微妙な違いを的確に表現し回答者に伝えるのがむずかしくなる。回答者も段階が細かく分かれすぎると回答しにくい。実際，9段階評定になると再検査の信頼性もあまり高くない（小嶋, 1975）。いたずらに段階を細かく分けるのではなく，どんな回答が必要なのかということからひるがえって，何段階にすると回答の意味の分析をしやすいのか見通しをつけて決定する。

(2) 評定数値のつけかた

　評定数値のつけかたについては，程度や頻度が高くなるほど数値も高くなるようにしたほうがよい。たとえば5段階尺度なら，「とても好きである」を5,「ぜんぜん好きではない」を1にする。これを逆に，「とても好きである」を1,「ぜんぜん好きではない」を5にすると，後の統計的な分析結果の解釈も逆にして検討しなければならず，その複雑さが間違いのもとになる。

(3) ラベルのつけかた

　評定法の選択肢にラベルをつける場合，特殊な場合を除いて，各ラベルは段階の数値とバランスのとれた表現にする。5段階なら，たとえば「非常によい」「まあよい」「どちらともいえない」「あまりよくない」「ぜんぜんよくない」にする。たとえば，「非常によい」「とてもよい」「まあよい」「あまりよくない」「ぜんぜんよくない」とラベルをつけると，「よい」という側に偏ったアンバランスな尺度（unbalanced scale）になる。これは，回答を「よい」の方向に誘導するに等しい。何らかの目的があって使用する必要がない限り，アンバラン

スな尺度は使用を避けよう。

尺度の全段階にラベルをつけるのではなく，両端の選択肢にのみ記入しておき，間の選択肢にはラベルをつけないスタイルの評定尺度も広く用いられている。たとえば，両極にそれぞれ「あてはまる」(4点) と「あてはまらない」(1点) のラベルをつけるが，その間の選択肢にはラベルをつけない。あるいは，両端と中間選択肢にのみラベルを記入しておく尺度もある。

ところで，回答者には強く断定する内容の選択肢を選択しない傾向がある (Azzara, 2010)。両端の選択肢のラベルに「つねに」「きわめて」「決して……ない」などのような強い表現を用いると，用いない場合に比べて，その選択肢を選択する人が少なくなる。

表13-2 程度に関する評定法の段階別選択肢ラベル例－奇数段階－

1　3段階
・そう思う　どちらともいえない　そう思わない
2　5段階
・そう思う　まあそう思う　どちらともいえない　あまりそう思わない　そう思わない
・あてはまる　ややあてはまる　どちらともいえない　あまりあてはまらない　あてはまらない
・大いに賛成　賛成　どちらともいえない　反対　非常に反対
・とても好きである　やや好きである　どちらともいえない　あまり好きではない　ぜんぜん（まったく）好きではない
・非常に満足である　やや満足である　どちらともいえない　やや不満である　非常に不満である
・満足である　やや満足である　どちらともいえない　やや不満である　不満である
3　7段階
・非常に満足である　かなり満足である　やや満足である　どちらともいえない　やや満足ではない　あまり満足ではない　まったく満足ではない

(4) 程度に関する評定法(奇数段階と偶数段階)

程度に関する評定法を用いる場合には,中間点に「どちらともいえない」という中立的な中間選択肢を入れるかどうかについて検討する。よく用いられる3段階,5段階,7段階の奇数段階の評定には,中間選択肢「どちらともいえない」が含まれる。表13-2に3段階,5段階,7段階の選択肢ラベル例を示した。

程度に関する2段階,4段階,6段階の偶数段階の評定には中間選択肢「どちらともいえない」がない。これを強制選択尺度(forced-choice scale)と言う。中間回答への集中を避けたい時,あるいは回答者に明確な判断を求めたい時に使用する。表13-3に2段階,4段階,6段階の選択肢ラベル例を示した。

表 13-3 程度に関する評定法の段階別選択肢ラベル例-偶数段階-

1 2 段 階
・はい いいえ ・好き きらい ・賛成 反対 ・満足 不満

2 4 段 階
・好き どちらかといえば好き どちらかといえばきらい きらい
・そう思う ややそう思う ややそう思わない そう思わない
・賛成する どちらかといえば賛成する どちらかといえば賛成しない 賛成しない
・満足である どちらかといえば満足である どちらかといえば不満である 不満である
・よくあてはまる どちらかといえばあてはまる どちらかといえばあてはまらない まったくあてはまらない

3 6 段 階
・非常によくあてはまる あてはまる ややあてはまる ややあてはまらない あてはまらない まったくあてはまらない
・たいへん(十分)満足である かなり満足である どちらかといえば満足である どちらかといえば不満である かなり不満である たいへん不満である
・まったくその通りだ かなりそうだ どちらかといえばそうだ どちらかといえばそうではない そうではない まったくそうではない

(5) 中間選択肢の使用

中間選択肢の使用には回答のしやすさと回答者の微妙な反応をすくい取れるという2つの利点がある。日本人は中間選択肢を選ぶ傾向，すなわち中間回答バイアスがとくに強い。しかし，中間選択肢の選択の意味の解釈・分析は下記のようにいろいろあって，どれが該当するのか判断するのがむずかしい。山田(2010)は，ほとんどの回答者が当該の問題について考えたことがあって回答できるはずという仮定が妥当なら「どちらともいえない」を使用せず，逆に複雑な問題に関する意見を求める場合は「どちらともいえない」を使用することを勧めている。

1. ちょうど左右の中間であった。
2. 左右どちらでもあるので中間を選んだ。
3. まじめに考えた末にどちらともいえず中間を選んだ。
4. 考えたけれどわからなかったので中間を選んだ。
5. 「考えたことがない」あるいは「意見がない」という回答選択肢がないので，その代用として選んだ。
6. 考えるのが面倒だったり無関心だったりして無難な中間の回答選択肢を選んだ。

表13-4 頻度に関する評定法の段階別選択肢ラベル例

1　4 段 階
・いつもある　時々ある　たまにある　まったくない
・よくする　時々する　あまりしない　まったくしない

2　5 段 階
・いつもする　よくする　時々する　あまりしない　まったくしない
・非常によくみられる　よくみられる　時々みられる　少しみられる　まったくみられない

3　6 段 階
・非常によくある　よくある　時々ある　あまりない　ない　まったくない
・とてもよくする　よくする　どちらかと言えばする　どちらかと言えばしない　あまりしない　まったくしない

---

(6) 頻度に関する評定法

程度に関する評定と同様に，あくまで相対的な頻度の評定であり，「時々する」「あまりしない」と言っても，どの程度の回数でそう捉えるかは個人の語感により左右される部分が大きい。表13-4に頻度に関する4段階，5段階，6段階の選択肢ラベルの例を示した。

頻度については，「毎回」「2回に1回」「1回もない」あるいは「1週間に1回」「1ヶ月に1回」「1年に1回」のように，回数や期間を回答選択肢に表示して回答を求めることもある。しかし，具体的数値を用いた選択肢は回答者の実情にぴたりと合わせて作成するのが難しく，すべての回答者に当てはまるような選択肢を準備できない面がある。そこでこのような場合は以下の例のように自由回答法にし，回数を回答欄に自由に記述してもらう。

例） 1年に何回ぐらい映画館で映画を見ますか。まったく見ない方は「0」，2年に1回ぐらいの方は「0.5」とご記入ください。

<u>　1年に約　　　　回　</u>

(7) 疲労効果への注意

回答者が調査テーマにどの程度興味をもっているかによって個人差はあるが，尺度項目が30を超えると疲労効果（fatigue effect）が出てきて，回答への集中力が落ち，いいかげんな回答や間違いが増えてくる。疲労効果とは，質問紙が長かったり単調だったりすると，疲れや退屈によって回答が不正確になることである。この傾向は質問紙の後半になるほど出てきやすい（Dörnyei, 2003）。疲労効果が予測される場合は，項目の順序を変えていくつかのバージョンの質問紙を作成する。また，尺度では同じ形式の質問を何回も繰り返すことが多いため，テーブル型質問（表13-5）にすると回答が楽である。ただし，既存尺度を使用する場合は項目順序や回答形式を変えることはできないので注意が必要である。

表 13-5　心理尺度（例）

以下の1～15の各文章についてどう思いますか。次の（1）～（5）の5段階の中から，あなたのお気持ちに一番近いものを1つだけ選んで，右の回答欄に数字を記入してください。

　　　　（5）まったくそのとおりだと思う
　　　　（4）まあそう思う
　　　　（3）どちらともいえない
　　　　（2）あまりそう思わない
　　　　（1）ぜんぜんそう思わない

1. 女性が社会的地位や賃金の高い職業を持つと結婚*するのがむずかしくなるから，そういう職業を持たないほうがよい	
2. 結婚生活の重要事項は夫が決めるべきである	
3. 主婦が働くと夫をないがしろにしがちで，夫婦関係にひびがはいりやすい	
4. 女性の居るべき場所は家庭であり，男性の居るべき場所は職場である	
5. 主婦が仕事を持つと，家族の負担が重くなるのでよくない	
6. 結婚後，妻は必ずしも夫の姓を名乗る必要はなく，旧姓で通してもよい	
7. 家事は男女の共同作業となるべきである	
8. 子育ては女性にとって一番大切なキャリアである	
9. 男の子は男らしく，女の子は女らしく育てることが非常に大切である	
10. 娘は将来主婦に，息子は職業人になることを想定して育てるべきである	
11. 女性は，家事や育児をしなければならないから，フルタイムで働くよりパートタイムで働いたほうがよい	
12. 女性の人生において，妻であり母であることも大事だが，仕事をすることもそれと同じくらい重要である	
13. 女性はこどもが生まれても，仕事を続けたほうがよい	
14. 経済的に不自由でなければ，女性は働かなくてもよい	
15. 女性は家事や育児をしなければならないから，あまり責任の重い，競争の激しい仕事をしないほうがよい	

（*事実婚も含む）

注）20歳以上を対象
出典）鈴木淳子（1994）．平等主義的性役割態度スケール短縮版（SESRA-S）の作成　心理学研究, 65, 34-41.

(8) バイアス発生への注意

社会的望ましさバイアス，中間回答バイアスなどが発生する可能性があるので注意する。

(9) リッカート・スケールを用いた既存の心理尺度使用への注意

自分で尺度を作成するのでなく既存の心理尺度（表13-5）を使用する場合，質問内容が調査テーマと目的に本当にふさわしいか確認することが必須である。また，回答者の年齢や性別などを限定している尺度があるので，その点を事前にチェックしておかなければ，誤って対象外の回答者に尺度を使用してしまうことになる。既存尺度の使用に関する注意点については第7章を参照願いたい。

7 SD法

SD法（セマンティック・ディファレンシャル：semantic differential method）は，両極尺度（bipolar scale）の代表例である。あることばや対象に対して回答者が抱いている心理的な意味や評価を測定するために開発された。イメージ測定や印象測定の方法としてよく用いられる。とくにマーケティング・リサーチで用いられるもっともポピュラーな態度測定尺度で，企業イメージ，ブランドイメージ，製品イメージなどの研究に使用される（塩田，2006）。

測定には，反対の意味をもつ形容詞対（明るい―暗い，大きい―小さい，おもしろい―退屈，高い―安い，速い―遅い，簡単―むずかしい，良い―悪い，好き―嫌い，積極的―消極的など）を両極においた多数の評定尺度を用いて対象を評定してもらう。両極間を等間隔に5段階（1～5）あるいは7段階（1～7）などに区分する。形容詞対を並べる際には，類似した意味の形容詞を続けて並べないこと，ネガティブな意味の形容詞がつねに右側あるいは左側に固まらないようにすることが必要である。

形容詞対が，良い―悪いのように対応すれば問題はないが，対応する語がないために，楽しい―楽しくない，淋しい―淋しくない，誠実―不誠実，正確―不正確，合理的―非合理的のように否定を意味する接尾辞をつけた語や「不」「非」をつけた語を反対語として用いることが多い。これは厳密には対応語とは言えないが，実際にはよく用いられている。

例） 『A病院』に対して，どのような印象をもっていますか．各項目について，あなたの印象にあてはまる数字に○をつけてください．

1. 清潔である	5	4	3	2	1	不潔である
2. 親しみにくい	5	4	3	2	1	親しみやすい
3. 親切である	5	4	3	2	1	不親切である
4. 雰囲気が明るい	5	4	3	2	1	雰囲気が暗い
5. 待ち時間が長い	5	4	3	2	1	待ち時間が短い
6. 職員の対応が丁寧だ	5	4	3	2	1	職員の対応が丁寧ではない
7. 治療技術が高い	5	4	3	2	1	治療技術が低い

13-5　回答選択肢作成のガイドライン

　選択回答法では回答選択肢があらかじめ回答として用意されているため回答しやすいが，一方でいいかげんな回答をされる恐れがある．また，よく考えないで作られた実情に合わない回答選択肢は，正確な回答を得るのにマイナス効果になる．回答選択肢の不適切さは，現実を正確に反映したデータを得られない主要な理由の1つであることから，適切な回答選択肢を作成するためのガイドラインをまとめる（表13-6）．

1　必要な回答選択肢を入れ忘れないように注意する．

　これまで行われた類似の調査報告や文献資料あるいは生活経験などによって，実情についての知識をもつ．調査対象者のデモグラフィック特性についても考慮する．そのうえで，必要な回答選択肢を入れ忘れていないか確認する．

2　回答選択肢は網羅的かつ相互排他的にする．

　大切だと思われるすべての回答を選択肢とし，しかも各選択肢の内容が互いに重複せず独立し，排他的でなければならない．複数の選択肢が該当し，どれを選べばよいか回答者が迷うようなカテゴリー分類では不適切である．とくに時間，年齢，収入，期間に関する質問の回答選択肢で問題が起こりやすい．排他的に分類しても，2つ以上の複数の回答選択肢が選ばれる可能性のあること

が予想される場合は，質問文に続けて「もっともふさわしい回答選択肢を1つだけ選んで項目の番号に○をつけてください」などの指示をしておく。インターネット調査なら「もっともふさわしい回答選択肢を1つだけ選んで項目に印をつけてください」などの文章になる。

典型的な重複の例は，以下のようなものである。

例）　①あなたの通勤時間（片道）はどのくらいですか。
　　　　誤）1. 30分以下　　　　　3. 1時間〜2時間
　　　　　　2. 30分〜1時間　　　　4. 2時間以上
　　　　誤）1. 〜30分　　　　　　3. 1時間〜2時間
　　　　　　2. 30分〜1時間　　　　4. 2時間以上
　　　このような場合は，未満を用いて次のように選択肢を作成する。
　　　　正）1. 30分未満　　　　　3. 1時間〜2時間未満
　　　　　　2. 30分〜1時間未満　　4. 2時間以上

例）　②おいくつですか。
　　　　誤）1. 20歳以下　　　　　3. 25歳〜30歳
　　　　　　2. 20歳〜25歳　　　　4. 30歳以上
　　　　正）1. 20歳未満　　　　　3. 25歳〜30歳未満
　　　　　　2. 20歳〜25歳未満　　4. 30歳以上

3　回答選択肢の数が多すぎないようにする。

　関連文献を調べ，予備調査を行うなどして，考えうる限りすべての回答選択肢を網羅すれば回答内容が現実を反映した妥当なものになる。しかし，選択肢の数が多すぎてはいけない。多くても8〜10までにおさえたほうがよい。

　回答選択肢数があまり多いと回答者は面倒に思うので，1つずつ丁寧に見て検討してもらえるという保証がなくなる。全選択肢を検討しないでいいかげんに答えたり，両極選択バイアスにより最初あるいは最後の選択肢が選ばれる可能性が高くなる。また，後で分析する際にも，回答選択肢が多すぎると各選択肢を選択した回答者の人数が少なすぎて，結局いくつかの選択肢を一緒にして

全体の選択肢数を減らし，分析し直すことになりがちである。

4　回答選択肢自体のもつ影響力に注意する。

　回答選択肢の設定が中立的でなく妥当性もないと，選択肢自体が回答に影響を及ぼす。たとえば，「あなたがスマートフォンを使用する時間は，1日に平均してどれくらいですか」という質問の場合，短い時間の選択肢が多いと回答者は実際より短い時間の選択肢を選び，長い時間の選択肢が多いと実際より長めの選択肢を選ぶ傾向が現れる（Schwarz, Groves & Schuman, 1998）。

5　1つの質問項目には1つの判断基準（次元）に基づく回答選択肢を掲載する。

　1つの質問項目に対して，2つ以上の判断基準（次元）に分かれる回答選択肢を一緒にして掲載しないよう注意する。異なる判断基準があると，どちらに従って回答すればよいか回答者は迷う。

　　例）　スイーツを買うとき，どのような点を重視しますか。もっとも重視するものを1つだけ選んで，番号に○をつけてください。

　　　　（1）材料　　　　　　　　　（6）有名店・有名パティシエの店
　　　　（2）味　　　　　　　　　　（7）従業員の態度
　　　　（3）価格　　　　　　　　　（8）店の雰囲気
　　　　（4）見た目（サイズ・形・色）（9）その他（　　　　　　）
　　　　（5）カロリー　　　　　　　（10）とくに重視することはない

　この例では，スイーツ自体と購入する店についての2つの異なる判断基準に分かれる可能性のある選択肢が一緒に示されている。スイーツそのものに関する（1）から（5）までの質問と店に関する（6）から（8）までの質問に分ければ，何をたずねたいのかがより明確になって回答を求めやすい。

6 同一質問項目における回答選択肢のスタイルはすべて統一する。

体言止めにするか,あるいは文章にするかなど,すべての回答選択肢のスタイルを統一する。以下の例では,文末がばらばらであるので,「～たい」と形容詞で統一するなど工夫する(改善例①～③)。なお,項目7の例もスタイルの統一と関係があるので参照されたい。

例)　あなたが働いている主な理由はなんですか。<u>2つまで</u>選んで番号に○をつけてください

(1) さまざまな人と出会っての交流　(6) 社会的地位を得たいので
(2) 生計を維持する　(7) 社会人として当然だから
(3) 専門的知識を身につけたい　(8) 能力を発揮する
(4) 世の中の役に立ちたいから　(9) その他（　　　　　　）
(5) 人間として成長　(10) とくに理由はない

改善例)①

(1) さまざまな人と出会っての交流　(6) 社会的地位の獲得
(2) 生計の維持　(7) 社会人として当然のこと
(3) 専門的知識の習得　(8) 能力の発揮
(4) 世の中への貢献　(9) その他（　　　　　　）
(5) 人間としての成長　(10) とくに理由なし

改善例)②

(1) さまざまな人と出会って交流したい　(6) 社会的地位を得たい
(2) 生計を維持したい　(7) 社会人として当然のことをしたい
(3) 専門的知識を習得したい　(8) 能力を発揮したい
(4) 世の中の役に立ちたい　(9) その他（　　　　　　）
(5) 人間として成長したい　(10) とくに理由はない

改善例）③

(1) さまざまな人と出会って交流する
(2) 生計を維持する
(3) 専門的知識を高める
(4) 世の中の役に立つ
(5) 人間として成長する
(6) 社会的地位を得る
(7) 社会人として当然のことをする
(8) 能力を発揮する
(9) その他（　　　　　　　）
(10) とくに理由はない

7　文章は簡潔でわかりやすいものにする。

　無駄な表現は削ぎ落とす。伝える必要のあることのみを誤解なく正確に伝えられるよう，短くて簡潔な文章や表現にする。以下の例では，(1)から(10)までの回答選択肢文末の「……こと」はすべて不要である。また，園芸，写真撮影，スポーツ，料理のように，選択肢を名詞のみで簡潔に表現することも可能である。「……こと」以外に，理由を意味する「……から」「……ので」などの不要な文末表現を用いることも非常に多い。

　例）今後趣味として<u>してみたい</u>と思うのはどれですか。あてはまる項目を<u>いくつでも</u>選んで番号に○をつけてください

(1) 園芸・日曜大工をすること
(2) 写真を撮ること
(3) スポーツ・ダンスをすること
(4) 本を読むこと
(5) 料理・菓子作りをすること
(6) 旅行をすること
(7) 楽器を演奏すること
(8) 書道をすること
(9) その他（　　　　　　　）
(10) とくにない

改善例）

(1) 園芸・日曜大工
(2) 写真撮影
(3) スポーツ・ダンス
(4) 読書
(5) 料理・菓子作り
(6) 旅行
(7) 楽器演奏
(8) 書道
(9) その他（　　　　　　　）
(10) とくになし

8 諸刃の剣の「わからない」に注意する。

　知識に関する質問の場合は，回答選択肢に「わからない」を加えるべきである。また，回答者が覚えていないかもしれない，あるいは判断がむずかしくて回答に困るかもしれないと思われる質問の回答選択肢にも「わからない」を加えておいたほうがよい。「わからない」を加えるのは，回答拒否やいいかげんな回答や虚偽の回答を避けるためであり，より正確なデータを求めるためである。

　「わからない」の選択肢がなく無回答の場合には，無回答にする理由の判断ができない（13-3参照）。さらに，「わからない」の選択肢があると，わからなくてもいいんだという安心感を回答者に与え，回答することへの抵抗感を弱めてくれる（山田，2010）。

　しかし，一般的な質問には「わからない」という回答選択肢をあまりむやみに用いないほうがよい。「わからない」を選択肢に加えると，①よく考えずに「わからない」とする人が増える，②質問ごとの回答者数が変わって集計などで作業が増える，③「わからない」は多変量解析を行う場合に分析から除外されるので分析に使えるサンプル数が大幅に減ってしまう，などの問題が生じるかもしれないからである（山田，2010）。さらに，「わからない」と回答すると自尊心が傷つくので，わからなくてもわかっているふりをする回答者がいる可能性にも留意しておこう。

9 「その他（　　　　　）」を利用する。

　多様な回答が予想される場合，また適切な内容の回答選択肢がないための無回答を防ぐ場合，「その他（　　　　）」という選択肢とその直後の空欄を用意し，具体的内容が簡潔に記入できるようにしておく。これは，回答者に答えを押しつけず，回答を誘導しないためだけでなく，調査者が何か重要な選択肢を見落としていなかったかどうかを確認するためでもある。調査では，収集したデータから全体的な傾向を明らかにすることに目標が定められているが，「その他」に自由に記述されるようないわゆる「外れ値」にこそ重要な情報が示されていることが多いので，慎重かつ大切に扱う。

　ただし，空欄に書かれた回答は自由回答であるので，データ分析の前にアフター・コーディングが必要になる。その際，調査者の事前の準備が不十分なた

めに重要な回答選択肢を見落としていて，多くの回答者が自由回答欄に同じ回答を記述しているとすれば，それらの回答をまとめた新たなカテゴリーを選択肢として集計することはできる。しかし，最初から回答選択肢としてあれば選んでいたかもしれない回答者が別の選択肢を選んだ可能性があるので，実際より選択者数が少なくなり，事実を正しく反映しているとは言いがたい。質問紙作成時の回答選択肢の検討の重要性はこの例からも明らかであろう。

10 予備調査を行う。

多くの文献を調べ，慎重に検討して質問紙を作成すると，第三者の確認は必要ないと思いがちである。しかしそれでもなお，調査目的，テーマ，対象者のデモグラフィック特性に不適切な内容やワーディングの回答選択肢を用いていたり，必要な選択肢を入れ忘れたりしていることがある。不適切な回答選択肢をチェックするため，また必要な選択肢の入れ忘れを防ぐため予備調査の実施は欠かせない。

表 13-6　回答選択肢作成のガイドライン

1　必要な回答選択肢を入れ忘れないように注意する。
　類似の調査や文献資料や生活経験などを確認することによって，必要な回答選択肢を入れ忘れないようにする。

2　回答選択肢は網羅的かつ相互排他的にする。
　各回答選択肢が互いに内容が重複せず独立し，排他的で，しかも網羅的でなければならない。

3　回答選択肢の数が多すぎないようにする。
　考えうる限りすべての回答選択肢を網羅するが，選択肢の数は多すぎてもいけない。8～10 までにおさえたほうがよい。

4　回答選択肢自体のもつ影響力に注意する。
　回答選択肢の設定が中立的でなく妥当性もないと，選択肢自体が回答に影響を与えることがある。

5　1つの質問項目には1つの判断基準に基づく回答選択肢のみを掲載する。
　1つの質問項目に対して，2つ以上の判断基準を含む回答選択肢を一緒にして掲載しないよう注意する。

6　同一質問項目における回答選択肢のスタイルはすべて統一する。
　すべての回答選択肢を体言止めにするか，あるいは文章にするか，統一する。

7　文章は簡潔でわかりやすいものにする。
　無駄な表現は削ぎ落とし，伝える必要のあることのみを誤解なく正確に伝えられるよう，短くて簡潔な文章にする。

8　諸刃の剣の「わからない」に注意する。
　知識に関する質問，回答者が覚えていない質問，判断がむずかしいと思われる質問の場合には，回答選択肢に「わからない」を加えておく。しかし，あまりむやみに用いると問題が生じるので注意が必要である。

9　「その他（　　　　　）」を利用する。
　「その他」という回答選択肢とその直後に空欄（　　　　　）を用意し，具体的内容を簡潔に記入できるようにしておく。

10　予備調査を行う
　不適切な回答選択肢をチェックし，必要な回答選択肢の入れ忘れを防ぐために予備調査の実施は欠かせない。

14 自由回答法

　本章では自由回答法の質問に対する回答形式について紹介する。収集するデータ，利点と課題，4種類の質問と回答形式について解説した後，自由回答法を使用する際の技法に関するガイドラインをまとめる。

▎14-1　自由回答法

　自由回答法（open-ended question）は，回答の内容や表現を回答者の自由記述（面接の場合は口頭による回答）に委ねる方法で，オープン・クエスチョン（open question）の一種である。オープン・クエスチョンには，自由回答法の他にプリコード・オープン・クエスチョン（pre-coded open question）がある。これは面接調査で用いられ，あらかじめ準備しておいた回答選択肢リストの中から，回答者の自由回答の内容にもっとも近いものを面接者が選ぶ方法である。

　自由回答法が選択回答法ともっとも異なる点は，調査者の見解を回答者に押しつけないことである。記述を自由に展開し内容を深く掘り下げた回答を求めるのに適している。あるいは調査テーマに関する実態が把握できず，どのような回答が得られるか事前に予測できない時など，仮説生成型調査に採用される。予備調査で自由回答法を採用し，その結果を分析して，本調査で選択回答法に用いる回答選択肢の内容や数を決定する際の参考にする。

　自由回答法によって収集するデータには次の2種類がある。

1　文章や単語による記述

　自由回答法によって収集する文章や単語の記述による質的データは，①調査後に回答を内容によってカテゴリーに分類しコード化するアフター・コーディングによるカテゴリカル・データと②自由回答データをそのまま記述してデー

タベース化したテキスト型データに分類される。

2　時間や経験年数やもっているものの数などの具体的な数値の記述

　数値の記述は量的データとして扱うことができる。数値を求める際には，あらかじめ質問紙の回答欄に単位を書いておく。

14-2　利点と課題

1　利　点
（1）自由に回答できる。
　回答選択肢という制限がなく，回答者が空欄に自由に記述できる。

（2）豊かで多様なデータを収集できる。
　経験や知識や意見など回答内容の幅が広く，臨場感あふれる豊かなデータを集めることができる。

（3）予想していなかったような回答を得ることがある。
　事前に予想していなかったような情報や知見を得ることがある。

（4）対象の全体像を描くことができる。
　対象を多面的に把握し，全体像を浮き彫りにすることに適している。

（5）質問を作成しやすい。
　回答選択肢の準備が必要ないという点では質問を作成しやすい。

2　課　題
（1）回答に時間がかかる。
　回答に時間がかかるので，自由回答法の質問が入ると選択回答法の質問の数を減らすことになる。

(2) 無回答や回答拒否が増加するので，回収率が低くなる。

　自由回答法の質問があると，回答者は書くのが面倒あるいは回答に時間がかかり面倒だということで協力意欲を失いがちになる。質問内容について関心がなく今まで一度も深く考えたことがなかったり，その場で考えるのが面倒だったりして無回答にすることも多い。当該質問のみへの回答拒否にとどまらず，調査自体への協力拒否が増加する恐れもある。インターネット調査法でも，自由回答法を多用すると途中での回答放棄が増える（本多, 2007b）。

(3) 簡潔かつ的確な表現で回答者にふさわしい内容の質問文を作成することがむずかしい。

　回答者に質問の意図を正確に伝えるためには，調査のテーマや回答者についての理解と知識に基づき，簡潔かつ的確な表現で回答者にふさわしい内容の質問文を作成することが必要だが，これは容易ではない。回答選択肢のような，回答の方向を導く「羅針盤」がないので，意図が伝わりにくい。

(4) 調査者の期待や意図とは無関係な回答あるいはズレた回答が多い。

　調査者の期待や意図とは無関係あるいはそれとはズレた回答が多い。以下の①〜⑤が典型例である。

　①質問に対する直接的な回答というより，回答者の言いたいことを書いてしまう。

　②考えたり書いたりするのが面倒なので短い回答やタテマエ的な回答にする。

　③常套語あるいは常套句を用いた表面的かつ無難な回答にする。

　④意見や考えを適切に表現できない。

　⑤回答能力のレベルがそろわない。簡潔にまとめることが得意ではなく，与えられた回答スペースをはみだすほどやたらに細かい記述や焦点の定まらない長い記述をする回答者がいれば，一方では簡潔すぎる回答をする人もいる。回答が多様になるためデータ処理に時間がかかる。

(5) 「なぜ」という理由をたずねる質問が多く回答しにくい。

　調査者は回答者の感情や考えや行動の理由に興味をもっているので，「なぜ」

という質問をする誘惑にかられやすい。そのため，とくに調査初心者は，自由回答法で「なぜ……と思いますか」「なぜ……したんですか」という質問をよく用いる。ところが，これらは質問をされる側にとってはあいまいで漠然とした問であり，どのような回答を求められているのか具体的にはわかりにくい。

さらに，「なぜ」とたずねることは認知プロセスの記述を回答者に要求することでもあり，正確な回答を得ることは不可能である（Visser, Krosnick & Lavrakas, 2000）。理由の分析や解釈を回答者に委ねてしまうような質問をしても実りは少ない。

(6) 回答の解釈において，誤解やバイアスが発生する可能性がある。

回答を定量化できない場合，調査者の回答内容の解釈が恣意的になり，誤解やバイアスが発生する可能性がある。

(7) 書き抜きおよびコード化作業が困難である。

自由回答の書き抜きだけでなく，データ処理に際してのアフター・コーディングの作業が困難である。記述された内容に基づいて回答をいくつかのグループに分類してカテゴリーを作り，そのカテゴリーにコード番号をつけるコード化作業には長い時間がかかるうえ，カテゴリー分類が複雑になりすぎる傾向がある。自由回答の量が多い場合は，自由回答の内容を解析し，単語やフレーズに分けてキーワードなど価値のある情報を抽出するシステムであるテキスト・マイニングを利用する。インターネット調査法の場合は，回答者が Web のスクリーン上で回答した自由回答をそのままテキストファイル化することができる。

以上のように自由回答法にはさまざまな問題があるので，質問紙調査に多用することは勧められない。使用するにしてもできるだけ数は少なく，そして回答拒否を避けるため質問紙の後半に配置する。

14-3　回答形式

Dörnyei の分類（2003）を参考に，自由回答法でうまく回答を得るためのテ

クニックを含む質問と回答形式を紹介する。

1 限定的記述質問

　限定的記述質問（specific open question）とは，回答者に関する事実，過去に行った活動，好みなどの特定の情報についての質問である。1～2行ほどで回答できるよう，回答スペースも明示しておく。例に挙げた質問の前には，「好きな作家がいますか」というフィルター・クエスチョンを用いて，「はい」を選んだ回答者にのみ質問をする。

　例）あなたの好きな作家はだれですか。3人まで名前を記入してください。

　　（1）＿＿＿＿＿＿＿＿，（2）＿＿＿＿＿＿＿＿，（3）＿＿＿＿＿＿＿＿

2 具体的質問

　具体的質問（clarification question）は，重要度の高い質問で具体的な記述を求める場合に用いられる。たとえば，多項選択法による質問の回答選択肢「その他」の後に（　　　）を設定することで，具体的に回答内容を記述してもらう。

3 文章完成法質問

　先頭部分だけを記述した未完成の文章を提示し，続きを回答者に完成してもらう文章完成法質問（文章完成式質問：sentence completion question）で問うのも一案である。自由回答法の一種ではあるが，なにを書いたらよいかについての刺激を与えられているので回答しやすく，回答の方向性や回答量（下線の長さで調節できる）に迷うこともない。ある程度回答内容の制限ができるので，調査者からみて意味のあるデータを集めやすい。

　例）現内閣について感じていることや思っていることを下線部分に書いてください。
　　　・現内閣で評価することは，＿＿＿＿＿＿＿＿＿＿＿＿＿＿＿＿＿＿＿。
　　　・現内閣に求めることは，＿＿＿＿＿＿＿＿＿＿＿＿＿＿＿＿＿＿＿＿。

4 短文回答質問

短文回答質問（short-answer question）は，どのような回答がありうるのか事前に予想できない場合に，例のように探索的に問いかけて自由に回答してもらうものである。最終項目群として，調査に関する回答者の自由な感想や意見をたずねる質問も短文回答質問に該当する（図9-3参照）。

例）東北大震災後の被災地復興のために，一番必要だと思うことは何ですか。ご自由にお答えください。「とくにない」「わからない」場合は，そのようにご記入ください。

▌14-4　自由回答法による質問作成のガイドライン

自由回答法で適切な量と内容の正確なデータを収集するための質問作成のガイドラインは以下のようなものである（表14-1）。

1　求める回答の内容，量，形式をコントロールする。

求める回答の内容，量，形式をわかりやすく示すとともに，制限を加える。詳しい回答を求めるのか，それとも簡潔な回答を求めるのかを質問文に明記する。期待する回答量や回答形式を回答欄のスペースやスタイルによって暗黙のうちに回答者に示す。回答欄を完全なブランクにしておくのではなく，枠で囲んだり下線を引いたりすることで量的な制限を加える。

2　具体的に質問する。

一般論をたずねるのではなく，できるだけ具体的な点について回答を求めるようにする。たとえば，「この映画はどうでしたか」ではなく，「この映画でもっとも感銘を受けたのはどのような点ですか」とたずねるほうが，回答者は回答の焦点を定めやすい。

3 一緒に用いる場合は，選択回答法を先に，自由回答法を後にする。

自由回答法と選択回答法を併用することで，より客観的なデータを集めることができる。関連した質問内容で両法を一緒に用いる場合は，簡単に回答できる選択回答法を先に置き，自由回答法は後に置いたほうがよい。

4 調査への意見や感想を自由に記述できる回答欄を最後尾に設けておく。

質問紙の最後尾に調査への回答者の意見や感想を自由に記述してもらう回答欄（「調査へのご意見・ご感想」）を設けておく（図9-3）。調査者が準備した自由回答法による質問への回答では書けなかった重要な情報や参考になる意見が得られることがある。また，質問紙の大半の質問が選択回答法である場合は，自由に個人的見解を述べることができたという満足感を回答者に与えられない可能性があるので，最後に自由回答欄を設けておくことが功を奏する。

表14-1 自由回答法による質問作成のガイドライン

1 求める回答の内容，量，形式をコントロールする。 　質問文に明記したり，回答欄を枠で囲んだり，下線を引いたりすることで，回答の内容，量，形式をコントロールする。
2 具体的に質問する。 　一般論をたずねるのではなく，できるだけ具体的な点について回答を求める。
3 一緒に用いる場合は，選択回答法を先に，自由回答法を後にする。 　簡単に回答できる選択回答法を先に，自由回答法は後に置く。
4 調査への意見や感想を自由に記述できる回答欄を最後尾に設けておく。 　回答者の自由な意見や感想から重要で参考になる情報を得られることがある。回答者は，自由に個人的見解を述べることができたという満足感を得られる。

15 予備調査

質問紙法による調査では回答者自らが質問を読み回答を記入するため，できるだけ誤解の生じない，調査者の意図が正確に伝わる質問紙を作成しなければならない。そのため予備調査の役割は非常に大きい。

予備調査については，前章までのさまざまなプロセスでその都度少しずつ触れてきた。本章では，質問紙の完成に至る最終プロセスとして，予備調査では何を確認する必要があるのかについて総合的かつ詳細に紹介する。

15-1 予備調査の目的

調査のデザイン段階において，質問紙ドラフト，サンプリングおよびデータ収集の作業に関する計画，調査費用の見積もりなどに問題がないか検討し確認するため予備的に行う調査を予備調査と言う。しかし，大規模な調査でない限り，実際には質問紙ドラフトの確認を主たる目的に行われることが多い。本章でも質問紙ドラフトの確認と修正を目的とする予備調査（pretest）について説明する。

質問紙を作成した調査者や調査プロジェクト・メンバーが質問紙ドラフトの内容について確認することは当然であるが，当事者ではどうしても気がつかないミスや問題が残っていることが普通である。そこで，第三者の目を通したチェック，すなわち予備調査が必要になる。

質問紙法における予備調査の目的についての説明を兼ねて，予備調査で行う確認の内容を以下にまとめてみよう。

1 調査目的にかなったデータを収集できるかどうかの確認

質問紙ドラフトによって収集したデータを集計し分析を加えることで，調査

目的を達成するにふさわしいデータを集めることができるかどうかを確認する。この分析を行うことで，不要な質問と回答選択肢あるいは新たに必要な質問と回答選択肢を明らかにすることもできる。

2　質問が意図したとおりの意味に解釈されるかどうかの確認

　質問紙法は自記式の調査であるため，調査員や面接者が直接回答者に質問の意味を説明したり不完全な回答をチェックしたりすることができない。そのため，予備調査でもっとも大切なことは，質問が意図したとおりの意味に回答者に解釈されるかどうかを確認することである（Aaker, Kumar, Day & Leone, 2011）。

3　回答しやすいかどうかの確認

　上記項目2と同じ理由で，回答者が回答しやすい―user-friendly―質問紙にするための予備調査が特に重要である（Visser, Krosnick & Lavrakas, 2000）。回答しやすいかどうかという観点から言って，もっとも重要なチェック項目は以下のような点である。

　(1) 質問順序（論理的展開），ワーディング，教示，回答方法などに調査者が予想しなかったようなわかりにくさやむずかしさが潜んでいないか。
　(2) 質問の数が多すぎないか。
　(3) 回答しやすい書式やレイアウトであるか。
　(4) 無回答や誤答の多い項目はないか。
　無回答や誤答の多い項目には何らかの回答しにくい理由があることが予想されるので，その原因を確認する。
　(5) 回答者が最後まで回答への興味を保っているか（de Vaus, 2014）。

4　質問が社会的妥当性・心理的妥当性を備えているかどうかの確認

　回答者には答えられないような的外れなあるいは常識外れの質問や回答選択肢はなく，現実に即した適切な内容であり，無理なく回答できることを確認する。

5　ワーディングの選択および回答選択肢の順序が適切かどうかの確認

　ワーディングの選択および回答選択肢の順序が適切であるかどうかを確認することは予備調査の非常に重要な役割である。ワーディングの違いによる回答への影響や回答選択肢の順序バイアス発生の恐れがある時には，スプリット・バロット法（split-ballot technique）と言う実験的な調査法を用いて確認する（Aaker, Kumar, Day & Leone, 2011; Oppenheim, 1992）。回答者をランダムに2つのグループに分け，ワーディングの選択あるいは回答選択肢の順序の異なる2バージョンの質問紙をそれぞれのグループに配布して調査を行う。グループ間の回答の比較を行い，差の有無を確認する。差がなければ問題はない。インターネット調査法の場合は，順序バイアスを低減するために回答者ごとに選択肢の順序をランダムに変化させることができるので，このような確認は必要ない。

6　どのような回答が返ってくるかの確認

　質問に対してある程度予測の範囲内の回答がもどってくることを確認する。どのような回答が返ってくるか前もって予測できない場合は，予備調査の段階で自由回答法によって回答してもらい，その結果を分析して本調査での回答の選択肢作成の参考にすることができる。

7　ミスプリントおよびエラーの有無の確認

　予備調査では，すべての部分の入念な校正も大きな目的となる。わずかなミスプリントやエラーで質問文や回答選択肢の意味が変わったりわからなくなったりすることを防ぐためである。また，ミスプリントやエラーの存在は質問紙全体の信用を損なう危険性もはらんでいるので，チェックして訂正しておくことが必要である。

▌15-2　予備調査の概要

1　対　象　者

　予備調査への回答は，本調査の規模にもよるが，質問紙が短くシンプルなら

15名程度，長くて複雑なら25名程度を目安に依頼する（Aaker, Kumar, Day & Leone, 2011）。母集団から選んだ人，あるいは本調査の対象者と似た立場や条件のさまざまな特性をもつ協力者が適切である。非確率標本抽出法でも，できる限り調査テーマや目的にふさわしい特性を備えた代表性のある対象者を求めて予備調査を行うべきである。予備調査の対象者は本調査では調査対象から除外する。

2　実施時期と条件

予備調査は，本調査を行う時期とあまり離れていない1ヶ月から2ヶ月前までの時期に，できるだけ本調査で行うのと同じ条件で実施する。予備調査の実施までには質問紙の表紙や挨拶状も完成させておき，調査の対象にする。

3　調査後の対応

予備調査によって，誤り，不適切な箇所，不必要な箇所が判明すれば，回答の集計の分析結果も考慮したうえで，質問紙ドラフトに削除・補足・修正を加え，質問紙完成版を作成する。

15-3　チェック内容

質問紙ドラフトについて以下のような点をチェックしておこう。章末にチェック・リストを掲載した（表15-1）。

1　表紙・「ご回答にあたってのお願い」

（1）タイトルは，①適切か，②わかりやすいか，③興味をひくか。
（2）調査に関する情報は十分に提供されているか。
（3）調査目的の説明に説得力があるか。
（4）依頼内容は明確に伝わっているか。
（5）説明のワーディングは適切か。
（6）謝意は適切に示しているか。

2 体　　裁
(1) 冊子の体裁（①サイズ，②色）は満足できるものであるか。
(2) 落丁はないか。
(3) 印刷（コピー）は鮮明か。

3 書　　式
(1) 書式設定は適切か。
(2) 文字（①サイズ，②フォント）は読みやすいか。

4 レイアウト
(1) レイアウトは全般的にアクセスしやすい印象（①きれい，②わかりやすい，③回答しやすそう，④簡単そう）を与えているか。
(2) ページは入っているか。
(3) 余白にゆとりはあるか。
(4) ①質問間，②回答選択肢間，③文字間，④行間のスペースは十分か。
(5) 質問項目番号に誤りはないか。
(6) 質問が途中で次のページにまたがっていないか。

5 回答欄の体裁とスペース
(1) 圧迫感がないか。
(2) 見た目が整然としているか。
(3) 回答選択肢の間隔が狭すぎるために，2つ以上の選択肢にまたがってついている○はないか。
(4) 自由記述のスペースは適切か。

6 回答時間
(1) 予定時間内に回答を終了できたか，
(2) 回答に時間がかかりすぎる質問はないか。

7 質問数
(1) 質問が多すぎないか。
(2) 途中で回答放棄されなかったか。

8 質問の流れと順序
(1) 質問の流れは，①自然か，②論理的な連続性があるか。
(2) サブ・テーマごとに質問がまとまっているか。
(3) 質問順序の指示は明確で，①回答者に不必要に順序を考えさせないか，②迷わせないか。
(4) フィルター・クエスチョンが質問の自然な流れをたびたび邪魔していないか。
(5) 質問の並べ方のルールは守られているか。
(6) キャリー・オーバー効果のある質問はないか。
(7) 質問の順序バイアスは発生していないか。

9 質問内容と質問のしかた
(1) 質問内容は回答者の実態に即しているか。
(2) 回答を誘導する質問はないか。
(3) ダブル・バーレル質問はしていないか。
(4) 反応バイアスは発生していないか。
(5) 質問の意味は明確か。
(6) 内容が不自然な質問はないか。
(7) 答えられないあるいは答えにくい質問（①不適切な質問内容，②否定疑問文，③二重否定文）をしていないか。
(8) 教示は有効に機能しているか。
(9) 必要なことはもれなく質問しているか。
(10) 仮説を検討するのにふさわしい質問をしているか。
(11) 仮説が覆された場合に，その理由が推測できるような内容の質問があるか。
(12) 質問内容は測定したい概念を本当に測定できているか。

(13) 前の質問のコンテクストが，後の質問の回答に影響を与えていないか。
(14) 回答者は，① 疲れて途中で回答が途切れなかったか，② 退屈せず回答を最後まで持続したか。
(15) 偏見のある質問はないか。
(16) プライバシーを侵害していないか。
(17) 最終項目群に回答への謝辞はあるか。

10　不必要な項目
(1) 本当に必要な質問だけか。
(2) 不必要なデモグラフィック項目はないか。
(3) 同じような内容の質問が重複していないか。

11　ワーディング
(1) ①質問文，②教示文，③回答選択肢は，意図したとおり正確に理解されているか。
(2) 多義的に解釈される①質問文，②教示文，③回答選択肢はないか。
(3) 表現が回答者に不快感を与える①質問文，②教示文，③回答選択肢はないか。
(4) むずかしすぎて回答不能と指摘された質問文はないか。
(5) 文章は明確か。
(6) 文章のスタイルは統一されているか。
(7) 中立的あるいは客観的な表現を用いているか。
(8) 回答者の語彙にふさわしいことばを選んでいるか。
(9) 回答者の立場にふさわしい表現を選んでいるか。
(10) 説明不足で回答方法に誤解の生じた質問はないか。
(11) 指示のあいまいな指示代名詞はないか。
(12) ワーディングに関する間違いはないか。

12 回答選択肢
  (1) 回答選択肢の①内容，②提示順序，③数は適切か。
  (2) 重要なのに見落としていた回答選択肢はないか。
  (3) 回答選択肢の内容は互いに排他的か。
  (4) 「その他」の選択率が高い質問はないか。

13 自由回答
  (1) 予測の範囲内の回答であったか。
  (2) 思いがけない情報を得られたか。
  (3) 回答の記述内容をいくつかのカテゴリーに分類して選択回答法の質問項目あるいは回答選択肢として使えないか。

14 回答記入の誤り
  (1) 回答記入欄以外のところに回答されていないか。
  (2) 指定した回答選択数に反する回答はないか。
  (3) 存在しない回答選択肢の項目番号が回答記入欄に記入されていないか。
  (4) 「その他」と回答しながら，その後の（　　）内の自由回答の内容が回答選択肢のいずれかに該当している回答はないか。

15 無回答・「わからない」・「非該当」
  (1) 無回答の多い質問はないか。
  (2) ①「わからない」，②「該当しない（非該当）」の選択の多い質問はないか。

16 挨 拶 状
  (1) 内容は適切か。
  (2) 回答者が調査に協力するかどうかを判断するために必要な情報はすべて掲載しているか。
  (3) ワーディングは適切か。

15-4　質問紙の完成

予備調査後の作業によって以下のような検討や確認を行い，質問紙ドラフトを修正して最終的な質問紙の完成に至る。

1　面接による直接確認

予備調査に参加してもらった回答者に調査後に直接面接を行い，詳しい感想やコメントを得ることは非常に有意義である。15-3のチェック項目以外の意見や質問はないか，質問紙の全般的な印象はどうかなどについても確認する。質問紙作成者が自ら気づかなかった問題点がここで出てくれば，大切な情報となる。

2　無回答・「わからない」・「非該当」の理由の確認

直接確認に際しては，なぜ無回答,「わからない」「非該当」になったのか，回答者にその理由を確認して必ず原因を検討し対応策を講じる。特に特定の質問への無回答や非該当の集中は，後のデータ分析を困難にしたりサンプル・サイズを小さくしたりする恐れがある（de Vaus, 2014）。一般的に考えられる理由は，「記入し忘れた」「関心がない」「意見がない」「そんなことについて考えたことがないので答えられない」「プライバシーに関わるので回答を拒否する」「答えたくない」「適切な回答選択肢がない」「質問の意味が理解できない」「教示文の指示があいまい」「判断ができない」などである。理由を確認して質問に修正を加えて，無回答・「わからない」・「非該当」はできるだけ発生させないようにする。

3　「その他（　　）」の記述内容の確認

回答選択肢「その他」の選択率が高い質問があれば，（　　）内の記述内容を分析し，新たな回答選択肢を加えるかどうかについて検討する。

4　回答の集計結果の検討

予備調査の回答の集計結果から，それぞれの質問あるいは回答選択肢が適切

であるかどうか，本当に必要であるかどうかを検討する．とくに，無回答，「わからない」「非該当」の多い質問については，集計結果からもその原因を検討し，本調査で使用するかどうかを決定する参考にする．予備調査の回答者が厳密なランダム・サンプリングによって選ばれているなら，重要な質問については，平均値や分散や回等選択肢の回答比率などを求めて，本調査のサンプル・サイズを計算する根拠とする（新，2005，辻・有馬，1987）．

5　予備調査の結果への対応

　質問紙ドラフトについての予備調査の結果に基づき，無用な質問や調査目的に合わない質問を削除したり，ワーディング，質問順序，書式やレイアウトなどに補足や修正を加えたりして，質問紙完成版を作成する．変更が多い場合は，時間と予算が許せばもう一度予備調査を行い，改めて修正をして完成版を作成する．

6　回答者の反応の予測

　予備調査の全般的な結果から，本調査で回答者からどの程度の協力が得られそうか，どのような問題が生じる可能性がありそうか，この２点についてのおおよその予測をしておく．

7　質問紙の完成

　完成版の校正には時間をかけ，できるだけ丁寧に行う．最後に質問紙をコピーあるいは印刷して冊子を作成する．印刷むらや落丁がないか最終確認して，質問紙の完成である．

表 15-1　質問紙ドラフトのチェック・リスト

1　表紙・「ご回答にあたってのお願い」
　　☐ (1) タイトルは，☐ ①適切か，☐ ②わかりやすいか，☐ ③興味をひくか．
　　☐ (2) 調査に関する情報は十分に提供されているか．
　　☐ (3) 調査目的の説明に説得力があるか．
　　☐ (4) 依頼内容は明確に伝わっているか．
　　☐ (5) 説明のワーディングは適切か．
　　☐ (6) 謝意は適切に示しているか．

2　体裁
　　☐ (1) 冊子の体裁（☐ ①サイズ，☐ ②色）は満足できるものであるか．
　　☐ (2) 落丁はないか．
　　☐ (3) 印刷（コピー）は鮮明か．

3　書式
　　☐ (1) 書式設定は適切か．
　　☐ (2) 文字（☐ ①サイズ，☐ ②フォント）は読みやすいか．

4　レイアウト
　　☐ (1) レイアウトは全般的にアクセスしやすい印象（☐ ①きれい，☐ ②わかりやすい，☐ ③回答しやすそう，☐ ④簡単そう）を与えているか．
　　☐ (2) ページは入っているか．
　　☐ (3) 余白にゆとりはあるか．
　　☐ (4) ☐ ①質問間，☐ ②回答選択肢間，☐ ③文字間，☐ ④行間のスペースは十分か．
　　☐ (5) 質問項目番号に誤りはないか．
　　☐ (6) 質問が途中で次のページにまたがっていないか．

5　回答欄の体裁とスペース
　　☐ (1) 圧迫感がないか．
　　☐ (2) 見た目が整然としているか．
　　☐ (3) 回答選択肢の間隔が狭すぎるために，2つ以上の選択肢にまたがってついている○はないか．
　　☐ (4) 自由記述のスペースは適切か．

6　回答時間
　　☐ (1) 予定時間内に回答を終了できたか．
　　☐ (2) 回答に時間がかかりすぎる質問はないか．

注）1項目に複数のチェック・ポイントがあればそれぞれチェックし，全ポイントのチェックが終わったら，左端の☐にチェックしよう．

表 15-1　質問紙ドラフトのチェック・リスト（続き）

7　質問数
- □ (1)　質問が多すぎないか。
- □ (2)　途中で回答放棄されなかったか。

8　質問の流れと順序
- □ (1)　質問の流れは，□ ①自然か，□ ②論理的な連続性があるか。
- □ (2)　サブ・テーマごとに質問がまとまっているか。
- □ (3)　質問順序の指示は明確で，□ ①回答者に不必要に順序を考えさせないか，□ ②迷わせないか。
- □ (4)　フィルター・クエスチョンが質問の自然な流れをたびたび邪魔していないか。
- □ (5)　質問の並べ方のルールは守られているか。
- □ (6)　キャリー・オーバー効果のある質問はないか。
- □ (7)　質問の順序バイアスは発生していないか。

9　質問内容と質問のしかた
- □ (1)　質問内容は回答者の実態に即しているか。
- □ (2)　回答を誘導する質問はないか。
- □ (3)　ダブル・バーレル質問はしていないか。
- □ (4)　反応バイアスは発生していないか。
- □ (5)　質問の意味は明確か。
- □ (6)　内容が不自然な質問はないか。
- □ (7)　答えられないあるいは答えにくい質問（□ ①不適切な質問内容，□ ②否定疑問文，□ ③二重否定文）をしていないか。
- □ (8)　教示は有効に機能しているか。
- □ (9)　必要なことはもれなく質問しているか。
- □ (10)　仮説を検討するのにふさわしい質問をしているか。
- □ (11)　仮説が覆された場合に，その理由が推測できるような内容の質問があるか。
- □ (12)　質問内容は測定したい概念を本当に測定できているか。
- □ (13)　前の質問のコンテクストが，後の質問の回答に影響を与えていないか。
- □ (14)　回答者は，□ ①疲れて途中で回答が途切れなかったか，□ ②退屈せず回答を最後まで持続したか。
- □ (15)　偏見のある質問はないか。
- □ (16)　プライバシーを侵害していないか。
- □ (17)　最終項目群に回答への謝辞はあるか。

注）1項目に複数のチェック・ポイントがあればそれぞれチェックし，全ポイントのチェックが終わったら，左端の□にチェックしよう。

表15-1 質問紙ドラフトのチェック・リスト（続き）

10 不必要な項目
- □ (1) 本当に必要な質問だけか。
- □ (2) 不必要なデモグラフィック項目はないか。
- □ (3) 同じような内容の質問が重複していないか。

11 ワーディング
- □ (1) □①質問文，□②教示文，□③回答選択肢は，意図したとおり正確に理解されているか。
- □ (2) 多義的に解釈される□①質問文，□②教示文，□③回答選択肢はないか。
- □ (3) 表現が回答者に不快感を与える□①質問文，□②教示文，□③回答選択肢はないか。
- □ (4) むずかしすぎて回答不能と指摘された質問文はないか。
- □ (5) 文章は明確か。
- □ (6) 文章のスタイルは統一されているか。
- □ (7) 中立的あるいは客観的な表現を用いているか。
- □ (8) 回答者の語彙にふさわしいことばを選んでいるか。
- □ (9) 回答者の立場にふさわしい表現を選んでいるか。
- □ (10) 説明不足で回答方法に誤解の生じた質問はないか。
- □ (11) 指示のあいまいな指示代名詞はないか。
- □ (12) ワーディングに関する間違いはないか。

12 回答選択肢
- □ (1) 回答選択肢の□①内容，□②提示順序，□③数は適切か。
- □ (2) 重要なのに見落としていた回答選択肢はないか。
- □ (3) 回答選択肢の内容は互いに排他的か。
- □ (4) 「その他」の選択率が高い質問はないか。

13 自由回答
- □ (1) 予測の範囲内の回答であったか。
- □ (2) 思いがけない情報を得られたか。
- □ (3) 回答の記述内容をいくつかのカテゴリーに分類して選択回答法の質問項目あるいは回答選択肢として使えないか。

注）1項目に複数のチェック・ポイントがあればそれぞれチェックし，全ポイントのチェックが終わったら，左端の□にチェックしよう。

表 15-1　質問紙ドラフトのチェック・リスト（続き）

14　回答記入の誤り
- □ (1) 回答記入欄以外のところに回答されていないか。
- □ (2) 指定した回答選択数に反する回答はないか。
- □ (3) 存在しない回答選択肢の項目番号が回答記入欄に記入されていないか。
- □ (4) 「その他」と回答しながら，その後の（　　）内の自由回答の内容が回答選択肢のいずれかに該当している回答はないか。

15　無回答・「わからない」・「非該当」
- □ (1) 無回答の多い質問はないか。
- □ (2) □ ①「わからない」，□ ②「該当しない（非該当）」の選択の多い質問はないか。

16　挨拶状
- □ (1) 内容は適切か。
- □ (2) 回答者が調査に協力するかどうかを判断するために必要な情報はすべて掲載しているか。
- □ (3) ワーディングは適切か。

注）1項目に複数のチェック・ポイントがあればそれぞれチェックし，全ポイントのチェックが終わったら，左端の□にチェックしよう。

引用文献

Aaker, D. A., Kumar, V., Day, G. S., & Leone, R. P. (2011). *Marketing Research* (10th ed.). International Student Version. Hoboken, NJ: John Wiley & Sons (Asia).
Arksey, H., & Knight, P. (1999). *Interviewing for Social Scientists*. London: Sage Publications.
新 睦人 (2005). 社会調査の基礎理論：仮説づくりの詳細なガイドライン　川島書店
Azzara, C. V. (2010). *Questionnaire Design for Business Research*. Mustang, OK: Tate Publishing.
Babbie, E. (2001). *The Practice of Social Research* (9th ed.). Belmont, CA: Wadsworth/Thomson Learning. (渡辺聰子 (監訳) (2003／2005). 社会調査法 I 基礎と準備編・II 実態と分析編　培風館)
Barnette, J. J. (2010). Likert Scaling. In N. J. Salkind (Ed.), *Encyclopedia of Research Design* (Vol. 2). (pp. 714–718.) Los Angeles, CA: Sage Publications.
Brace, I. (2008). *Questionnaire Design: How to Plan, Structure and Write Survey Material for Effective Market Research* (2nd ed.). London: Kogan Page.
Bradburn, N. M., Sudman, S., & Wansink, B. (2004). *Asking Questions* (Revised ed.). San Francisco, CA: Jossey-Bass.
Bryman, A. (2016). *Social Research Methods* (5th ed.). Oxford, UK: Oxford University Press.
Converse, J. M., & Presser, S. (1986). *Survey Questions: Handcrafting the Standardized Questionnaire. Series: Quantitative Applications in the Social Sciences*. Beverly Hills, CA: Sage Publications.
Creswell, J. W. (2010). Mapping the Developing Landscape of Mixed Methods Research. In A.Tashakkori, & C. Teddlie (Eds.), *SAGE Handbook of Mixed Methods in Social & Behavioral Research* (2nd ed.). (pp. 45–68.) Thousand Oaks, CA: Sage Publications.
Creswell, J. W. (2014). *Research Design: Qualitative, Quantitative, and Mixed Methods Approaches* (4th ed.). Thousand Oaks, CA: Sage Publications.
Creswell, J. W. (2015). *A Concise Introduction to Mixed Methods Research*. Thousand Oaks, CA: Sage Publications.
de Vaus, D. (2014). *Surveys in Social Research* (6th ed.). Abingdon, Oxfordshire: Routledge.
Dillman, D. A. (2007). *Mail and Internet Surveys: The Tailored Design Method* (2nd ed.). 2007 Update with New Internet, Visual, and Mixed-Mode Guide. Hoboken, NJ: John Wiley & Sons.
Dillman, D. A., Phelps, G., Tortora, R., Swift, K., Kohrell, J., Berck, J., & Messer, B. L. (2009). Response rate and measurement differences in mixed-mode surveys

using mail, telephone, interactive voice response (IVR)and the Internet. *Social Science Research, 38*, 1–18. doi: 10.1016/j.ssresearch.2008.03.007

Dillman, D. A., Smyth, J. D., & Christian, L. M. (2009). *Internet, Mail, and Mixed-Mode Surveys: The Tailored Design Method* (3rd ed.). Hoboken, NJ: John Wiley & Sons.

Dörnyei, Z. (2003). *Questionnaires in Second Language Research: Construction, Administration, and Processing.* Mahwah, NJ: Laurence Erlbaum Associates.（八島智子／竹内　理（監訳）(2006)．外国語教育学のための質問紙調査入門：作成・実施・データ処理　松柏社）

江利川滋（2011）．ネットリサーチの設計と管理　産業・組織心理学会第97回部門別研究会報告（消費者行動部門）鈴木淳子・江利川滋・山田一成・永野光朗　消費者調査の課題と可能性―リサーチのスキルアップをめざして―　産業・組織心理学研究, *24*, 134–136.

Fink, A. (2009). *How to Conduct Surveys: A Step-by-Step Guide* (4th ed.).Thousand Oaks, CA: Sage Publications.

Fowler Jr., F. J. (1995). *Improving Survey Questions: Design and Evaluation.* Applied Social Research Methods Series. Vol. 38. Thousand Oaks, CA: Sage Publications.

Fowler Jr., F. J. (2014). *Survey Research Methods* (5th ed.). *Applied Social Research Methods Series.* Vol. 1. Thousand Oaks, CA: Sage Publications.

Galesic, M., & Bosnjak, M. (2009). Effects of questionnaire length on participation and indicators of response quality in a web survey. *Public Opinion Quarterly, 73*, 349–360. doi: 10.1093/poq/nfp031

南風原朝和（1995）．教育心理学研究と統計的検定　教育心理学年報, *34*, 122–131.

原　純輔（2009）．調査対象の決定（1）―標本調査の方法―　原　純輔・浅川達人　社会調査（改訂版）(pp. 70–84.) 放送大学教育振興会

林　英夫（1975）．質問紙の作成　続　有恒・村上英治（編）質問紙調査　心理学研究法9 (pp. 107–145.) 東京大学出版会

Hewson, C., Vogel, C., & Laurent, D. (2016). *Internet Research Methods* (2nd ed.). London: Sage Publications.

本多正久（2007a）．定量調査の方法　本多正久・牛澤賢二　マーケティング調査入門：情報の収集と分析 (pp. 39–62.) 培風館

本多正久（2007b）．ハイテク調査の現状と動向　本多正久・牛澤賢二　マーケティング調査入門：情報の収集と分析 (pp. 281–301.) 培風館

Iarossi, G. (2006). *The Power of Survey Design: A User's Guide for Managing Surveys, Interpreting Results, and Influencing Respondents.* Washington, D.C.: The International Bank for Reconstruction and Development.（三井久明（訳）(2006)．まちがいだらけのサーベイ調査：経済・社会・経営・マーケティング調査のノウハウ　一灯舎）

石丸径一郎（2011）．調査研究の方法　下山晴彦（編）臨床心理学研究法5　新曜社

岩井勇児（1975）．質問紙調査の諸形式　続　有恒・村上英治（編）質問紙調査　心理

学研究法9 (pp.65-106.) 東京大学出版会
Jones, M. S., House, L. A., & Gao, Z. (2015). Respondent screening and revealed preference axioms: Testing quarantining methods for enhanced data quality in web panel surveys. *Public Opinion Quarterly, 79*, 687-709. doi:10.1093/poq/nfv015
君嶋祐子 (2016). 研究不正と著作権法　慶応義塾大学社会学研究科　慶應義塾大学出版会
小林大祐 (2010). 実査の方法：どのような方法を選べば良いのか？　轟　亮・杉野　勇 (編) 入門・社会調査法：2ステップで基礎から学ぶ (pp.61-77.) 法律文化社
小嶋外弘 (1975). 質問紙調査法の技法に関する検討　続　有恒・村上英治 (編) 質問紙調査　心理学研究法9 (pp.224-269.) 東京大学出版会
小嶋外弘・赤木愛和 (1975). 心理学的研究における質問紙調査法の検討　続　有恒・村上英治 (編) 質問紙調査　心理学研究法9 (pp.209-223.) 東京大学出版会
小松　洋 (1999). 調査票を作ってみよう　大谷信介・木下栄二・後藤範章・小松　洋・永野　武 (編著) 社会調査へのアプローチ：論理と方法 (pp.66-103.) ミネルヴァ書房
Lehtmets, D. (2010). *Questionnaire Design of Self-Administered Paper and Online Surveys*. Saarbrücken, Germany: Lap Lambert Academic Publishing.
Leman, J. (2010). Quantitative Data Collection. In L. Dahlberg, & C. McCaig (Eds.), *Practical Research and Evaluation: A Start-to-Finish Guide for Practitioners*. (pp.172-190.) London: Sage Publications.
Mangione, T. W. (1995). *Mail Surveys: Improving the Quality. Applied Social Research Methods Series*. Vol.40. Thousand Oaks, CA: Sage Publications.
May, T. (2001). *Social Research: Issues, Methods and Process* (3rd ed.). Philadelphia, PA: Open University Press. (中野正大 (監訳) (2005). 社会調査の考え方：論点と方法　世界思想社)
Meade, A. W., & Craig, S. B. (2012). Identifying careless responses in survey data. *Psychological Methods, 17*, 437-455. DOI:10.1037/a0028085
Merriam, S. B., & Simpson, E. L. (2000). *A Guide to Research for Educators and Trainers of Adults* (2nd ed.). Malabar, FL: Krieger Publishing. (堀　薫夫 (監訳) (2010). 調査研究法ガイドブック―教育における調査のデザインと実施・報告　ミネルヴァ書房)
三井宏隆 (2001). 研究に取りかかる前に　三井宏隆・中島崇幸 (編) キーワード検索による心理学研究案内―新聞記事から卒論へのステップ (pp.7-16.) ナカニシヤ出版
三井宏隆 (2010). 学術論文の読み方・まとめ方：心理学を学ぶ人のために　慶應義塾大学出版会
村田光二 (2007). 社会心理学のテーマと方法　村田光二・山田一成・佐久間勲 (編著) 社会心理学研究法 (pp.9-20.) 福村出版
直井道子 (1998). 調査票をどうつくるか　森岡清志 (編著) ガイドブック　社会調査 (pp.145-166.) 日本評論社

大谷信介（1999）．サンプリングの論理と実際　大谷信介・木下栄二・後藤範章・小松洋・永野 武（編著）社会調査へのアプローチ：論理と方法（pp. 104-140.）ミネルヴァ書房
Oppenheim, A. N.（1992）. *Questionnaire Design, Interviewing and Attitude Measurement*（New ed.）. London: Continuum.
Owens, R. L.（2010）. Informed Consent. In N. J. Salkind（Ed.）, *Encyclopedia of Research Design*（Vol. 2）.（pp. 602-607.）Los Angeles, CA: Sage Publications.
Patton, M. Q.（1990）. *Qualitative Evaluation and Research Methods*（2nd ed.）. Newbury Park, CA: Sage Publications.
Pinto, R. M.（2010）. Mixed Methods. In N. J. Salkind（Ed.）, *Encyclopedia of Research Design*（Vol. 2）.（pp. 812-818.）Los Angeles, CA: Sage Publications.
Punch, K. F.（2014）. *Introduction to Social Research: Quantitative & Qualitative Approaches*（3rd ed.）. London : Sage Publications.
酒井　隆（2001）．アンケート調査の進め方　日本経済新聞出版社
佐久間勲（2007）．社会心理学の研究と倫理　村田光二・山田一成・佐久間勲（編著）社会心理学研究法（pp. 20-24.）福村出版
Sarantakos, S.（2013）. *Social Research*（4th ed.）. London : Palgrave Macmillan.
Saris, W. E., & Gallhofer, I. N.（2007）. *Design, Evaluation, and Analysis of Questionnaires for Survey Research*. Hoboken, NJ: John Wiley & Sons.
左藤健二（2009）．対象を設定する―単位と全体の構成　左藤健二・山田一成（編著）社会調査論（pp. 17-36.）八千代出版
Schuman, H.（2008）. *Method and Meaning in Polls and Surveys*. Cambridge, MA: Harvard University Press.
Schwarz, N., Groves, R. M., & Schuman, H.（1998）. Survey Methods. In D. T. Gilbert, S. T. Fiske, & G. Lindzey（Eds.）, *Handbook of Social Psychology*（4th ed.）. Vol. 1.（pp. 143-179.）Boston, MA: McGraw-Hill.
島崎哲彦（2002）．調査の実施　島崎哲彦（編著）社会調査の実際―統計調査の方法とデータの分析（第2版）（pp. 113-137.）学文社
塩田静雄（2006）．マーケティング調査と分析　中京大学大学院ビジネス・イノベーションシリーズ　税務経理協会
Smith, M.（2010）. Ethics and Research Governance. In L. Dahlberg, & C. McCaig（Eds.）, *Practical Research and Evaluation: A Start-to-Finish Guide for Practitioners*.（pp. 41-58.）London: Sage Publications.
鈴木淳子（2005）．調査的面接の技法（第2版）ナカニシヤ出版
田渕六郎（2010）．調査票の作成：質問の作成からレイアウトまで　轟　亮・杉野 勇（編）入門・社会調査法：2ステップで基礎から学ぶ（pp. 78-93.）法律文化社
遠山孝司（2007）．調査の依頼・実施における注意点　小塩真司・西口利文（編）質問紙調査の手順　心理学基礎演習．Vol. 2.（pp. 63-73.）ナカニシヤ出版
辻　新六・有馬昌宏（1987）．アンケート調査の方法　朝倉書店
浦　光博（1997）．データを集める―データ収集の方法　岩淵千明（編著）あなたもで

きるデータの処理と解析（pp. 51-88.）福村出版
Visser, P. S., Krosnick, J. A., & Lavrakas, P. J. (2000). Survey Research. In H. T. Reis, & C. M. Judo (Eds.), *Handbook of Research Methods in Social and Personality Psychology.* (pp. 223-252.) Cambridge, MA: Cambridge University Press.
Weigold, A., Weigold, I. K., & Russell, E. J. (2013). Examination of the equivalence of self-report survey-based paper-and-pencil and internet data collection methods. *Psychological Methods, 18,* 53-70. DOI:10.1037/a0031607
山田一成（2007）．質問紙調査に何ができるか　村田光二・山田一成・佐久間勲（編著）社会心理学研究法（pp. 26-43.）福村出版
山田一成（2010）．聞き方の技術：リサーチのための調査票作成ガイド　日本経済新聞出版社
山田一成（2011）．サーベイリサーチにおける調査票の設計と評価　産業・組織心理学会第97回部門別研究会報告（消費者行動部門）　鈴木淳子・江利川滋・山田一成・永野光朗　消費者調査の課題と可能性―リサーチのスキルアップをめざして　産業・組織心理学研究, *24,* 136-139.

事項索引

A-Z

accessibility　132
anonymity　86
CAPI　54-55
CATI　52-53
confidentiality　83
cover letter　69
custom-made　111
FAX 調査法　42, 45
invisible　3
ICT　3
ID 番号　87, 123-124
IVR　52-53
mixed methods　19
mixed-mode survey　57
professional respondents　49
questionnaire design　11, 103
questionnaire survey　1
RDD 法　52-54
reproducibility　109
research design　11
SD 法　198
speeding　48
straight-lining　49
user-friendly　216
Web 調査法　45, 122, 150
Web ページ　1, 13, 45, 92, 132

あ行

挨拶状（依頼状）　37, 41, 69-72, 77-78, 82, 86, 107, 118-120, 218, 222
アクセスパネル　46
宛名ラベル　73
アフター・コーディング　38, 204, 207, 210
イエイ・セイイング　157
イエス・テンデンシー（是認傾向，黙従傾向）　156-157
威光効果（ハロー効果，光背効果，暗示効果）　157
一次データ　12
一部順位法　188
一対比較法　189
一般的質問　167-168
イモヅル式　28, 66
インターネット調査法　3, 15, 18, 35, 45-46, 51-52, 64-65, 76, 90, 209-210, 217
インフォーマント　54-56
インフォームド・コンセント　20, 81-82
ウェブサイト　33, 38, 122, 127
横断的調査　36
応募法　48, 65
オープン・クエスチョン　141, 207
オープン調査　47
オンラインアクセスパネル　49
オンライン調査法　45

か行

回収率　4, 31, 35, 40-43, 46, 51, 57, 60-62, 70, 73-75, 77, 103, 106, 120, 122, 132, 209
　——の低下　4, 45, 51, 57, 61-62, 67, 73, 106, 120, 209
回答拒否　54, 57, 70, 106, 129, 132-133, 143, 150, 155, 173, 204, 209-210
回答形式　54, 105, 181, 184, 196, 207, 210-212
回答者　1, 124
　——の権利　83, 91, 121
回答選択肢　12, 17, 23, 48-49, 56-58, 98, 106, 113, 124, 126, 134-135, 144-148, 156, 159, 162, 172-173, 181-186, 190, 199-205, 207-209, 216-217, 222-223
回答の誘導　15
街頭面接法　57
科学的アプローチ　109-110
学術調査　2-3, 45, 74, 76, 92, 99
確率標本抽出法　36, 61-62
仮説　28, 30-32, 34, 111-113

事項索引　235

――検証型調査　31
――生成型調査　31, 64, 207
カテゴリカル・データ　55, 182, 207
過度の一般化　19
紙と鉛筆による調査　2
完全削除　90
完全順位法　188
機縁法　65
記憶バイアス（記憶効果）　163
希少サンプル　47
奇数段階　194
既存尺度　81, 92-93, 113, 133, 196, 198
キャリー・オーバー効果　150, 152
教示文（指示文）　16, 23, 89, 106-108, 112, 134-135, 143, 152, 166, 168-169, 171, 221
強制選択尺度　194
協力拒否　62, 77, 79, 142, 209
虚偽　16, 157-159, 204
――回答　49-50, 157-159
――尺度　159
極端反応バイアス　163
偶数段階　194
偶然法　64
クオータ法　66, 68
具体的質問　211
クラウド・コンピューティング　45
クローズド調査　46
敬語　177
継続調査　36
系統抽出法　63-64
結果の一般化　4, 13, 49, 55, 64-65, 68, 110
欠損値　48
研究協力者プール　45
研究倫理要綱　37, 98
限定選択法　186, 188
限定の記述質問　211
構造化面接法　39, 54-55, 76, 153, 175
項目プール　104
個人情報　49, 71, 83, 86-91, 98, 121, 142
――管理者　87, 89
――管理マニュアル　71, 78, 86, 88-89
――の流出（漏洩）　49, 62, 90, 98
個人データ　143
個人的質問　167-168

コホート分析　36
雇用形態　145-146
混合調査法　19
混合型調査法（複合調査法，混成調査法）　51, 57
コンテクスト　106, 153, 171, 221

さ行
サーベイ調査法　1, 4, 39, 41, 45, 51, 54
再依頼状　74-75, 77
再現可能性　109
サイコグラフィック特性（サイコグラフィックス）　139
最終項目群　1, 107, 117-118, 126, 128, 212
サブ・クエスチョン（付随質問）　48, 133, 141, 161, 167
サブ・タイトル　31, 120
サブ・テーマ　31, 104-106, 112, 133, 135, 152-153, 168-169
サンプリング（標本抽出）　3, 34, 36, 46, 59-61, 67
サンプル・サイズ　61, 223-224
自記式　1, 12, 45, 153, 184
自己イメージ　90
自己開示性　15
自己欺瞞　157, 159
自己防衛性　16
質的調査　2, 19
質的データ　207
質問紙　1, 3-4, 65
――完成版　218, 224
――実験　32
――の表紙　69, 82, 86, 107, 118, 124-125, 132, 181, 218
――法　1-5, 11-19
――デザイン　3-5, 11-12, 19, 25, 69, 99, 103-104, 109, 111
――ドラフト　8, 25, 33, 37, 107-108, 115, 215, 218, 223-224
質問順序　12-13, 52, 105, 108, 112, 115, 149, 151, 216, 224
――効果　153-154
社会調査　2, 54, 61
社会的圧力　156

社会的責任　　98
社会的妥当性　　4-5, 28, 99, 110, 216
社会的望ましさバイアス　　16, 42, 162
尺度使用　　92-93
　——承諾依頼状　　93-95
　——承諾書　　93, 96-97
謝金　　33, 49, 55
謝品　　34, 76-77, 84, 122
謝礼　　21, 34, 46-47, 49, 69-70, 75-77, 84, 122
自由回答データ　　38, 207
自由回答法　　17, 105-106, 146, 181, 196, 207-210, 212-213, 217
集合調査法　　35, 39, 69, 72, 76, 120, 153
集合データ　　143
縦断的調査　　36
守秘義務　　21, 70, 83, 86, 98, 121-122
順位法　　188
順序バイアス　　48, 153, 217, 220
情報提供　　83
書式　　12, 107-108, 130, 216, 219, 224
心理尺度　　3, 17, 92, 112, 197-198
推薦状　　69-70
数値分配法　　189
スクリーニング質問　　141
スクリーニング調査　　46
スクロール型　　45
捨てのクエスチョン　　141, 152
スプリット・バーロット法　　217
スマートフォン　　13, 45, 51, 70
整理番号　　117, 123
セキュリティ対策　　51, 90
説明責任　　82-83
全数調査（センサス）　　36, 59-60
選択回答法　　15, 54, 105, 124, 181-182, 184, 199, 207-208, 213
専門用語　　82, 176-177
層化多段抽出法　　64
層化抽出法　　36, 64
送信可能化　　98
双方向的コミュニケーション　　11
添え状　　69
その他　　1, 117-118, 126, , 144, 181, 204, 211, 223

た行

対応マニュアル　　78
タイトル　　30-31, 93, 118, 120
代理回答　　18
他記式　　39, 51, 54-55, 153
択一式　　185
択多式　　186
多件法　　190
多項選択法　　184, 211
多段抽出法　　63-64
タテマエ　　157-159, 167, 209
ダブル・バーレル質問　　160-161
単極尺度　　190
単純無作為抽出法　　63-64
短文回答質問　　212
中間回答バイアス　　162, 195
中間選択肢　　193-195
調査員バイアス　　42, 154
調査協力者　　1
調査対象者数　　34-35, 60
調査対象者データベース　　46, 48
調査タイプ　　34, 36
調査テーマ　　25-28, 30-31, 39, 47, 49, 104, 110-112
調査デザイン　　5, 11, 25, 30, 32, 34, 36-37, 98-99
調査票　　1, 51, 54
調査プロセス　　25, 38
調査（研究）倫理委員会　　37, 98
体裁　　4, 107, 115, 117-118, 129
ディブリーフィング　　72, 120
データ収集法　　2, 35, 37, 39
データ処理　　183, 209-210
データの匿名化　　98
データベース　　46, 52, 92
テーブル型質問　　135, 196
テキスト型データ　　38, 208
テキストファイル化　　48, 210
デモグラフィック項目　　105, 142-144
デモグラフィック項目群　　1, 105, 107
デモグラフィックス　　105, 140
デモグラフィック特性　　35, 65-66, 87, 89, 104, 140, 142, 150, 168, 199, 205
電子調査法　　45

電子的調査情報収集法　45
電子メール調査法　45
電話調査法　35, 39, 51, 153, 173, 175, 183
同意書　84, 87, 89
等価性　51
等間隔抽出法　63
統計的推定　38, 49, 64, 66
統計的補正　58
督促状　74
匿名化　86-87, 98
　データの――　98
　連続可能――　87
　連続不可能――　87
匿名性　14, 40-42, 47, 71, 77, 83, 86-89, 121, 159
　――の保障　14, 82, 86
留め置き調査法　2, 15, 43, 76
トリプル・バーレル質問　160

な行
二項選択法　156, 184-185
二重否定文　166
ネット調査法　45
ノー・テンデンシー（否認傾向）　156

は行
バイアス　47, 55, 157, 162-163, 171, 198, 210
　記憶――　163
　極端反応――　163
　社会的望ましさ――　16, 42, 162
　順序――　48, 153, 217, 220
　中間回答――　162, 195
　調査員――　42, 154
　反応――　16, 161, 220
　標本抽出に関する――　48
　面接者による――　55
　両極選択――　16, 162, 183, 200
外れ値　204
パネル調査　36, 86, 122, 130
パワー・インバランス　81
反応バイアス　16, 161, 220
非該当　183, 190, 223
非確率標本抽出法　36, 64, 66, 218
否定疑問文　166

標準化　13, 55
剽窃　92
評定段階　192
評定尺度　48, 193, 198
評定法　190, 194, 196
標本（サンプル）　35, 53, 60
　――誤差　59
　――抽出（サンプリング）　47-48, 59-61, 63, 65
　――抽出に関するバイアス　48
　――調査　60
　――の代表性　41, 49, 62, 65-66
疲労効果　196
フィルター・クエスチョン　135, 141, 159, 167, 184, 211
フォローアップ・コンタクト　74-75, 77
フォローアップ調査　58
複数選択法　186
プライバシー　15, 41, 56, 62, 71-72, 83-84, 86, 88-89, 105, 121, 142-143, 148, 150, 158, 223
　――・個人情報　82-83, 86, 89, 91
　――保護　62, 67, 70, 72
プリ・コーディング法　182
ブリーフィング　72, 82
プリコード・オープン・クエスチョン　207
文献調査　27
文章完成法質問　211
ページネーション型　45
変換対応表　87, 89
便宜的抽出法（偶然法）　64
母集団　35, 42, 46, 49, 59, 60-61, 68, 218
　――推定　47

ま行
マーケティング・リサーチ　2, 33, 39, 45, 51-52, 57, 61, 66, 91, 198
無回答　183, 185, 190, 204, 209, 216, 222-223
無記名回答　124
無作為抽出法（ランダム・サンプリング）　61-62
メール・アドレス　48-49, 70, 90, 93, 123, 127
面接者効果　56
面接者によるバイアス　55
面接調査票（シナリオ）　54

面接調査法　　35, 159, 173
黙従傾向　　156
モニター　　42, 46, 49, 51, 65

や行

有意抽出法　　65-66, 68
有効回収率　　68
郵送調査法　　2, 15, 17-18, 33, 35, 41, 69, 73, 77, 129, 153, 159, 183
誘導質問　　155-156, 184
雪だるま法　　65-66
予備調査　　33, 35, 37, 64-65, 90, 104, 107-108, 177, 205, 207, 215-218, 223-224

ら行

ラベル　　192-194
リサーチ・クエスチョン　　26-27, 111
リサーチ・リテラシー　　5
リッカート・スケール　　190, 198
リマインダー　　74
両極尺度　　198

両極選択バイアス　　16, 162, 183, 200
量的調査　　2, 19
量的データ　　55, 182, 208
倫理基準　　98
倫理規制　　98
倫理チェック　　99
倫理的ガイドライン　　5, 7, 21, 81, 86, 98
倫理的配慮　　81-82, 86, 93, 98-99, 121, 142
レイアウト　　4, 23, 107-108, 115, 129, 132, 169, 216, 219, 224
連結可能匿名化　　87
連結不可能匿名化　　87
論点従属型質問　　160-161
論点並列型質問　　160-161

わ行

ワーディング　　12, 21, 23, 93, 106-107, 110, 115, 171-172, 205, 216-217, 221, 224
わからない　　159, 183, 185-186, 190, 204, 222-224
割り当て法　　66

人名索引

A

Aaker, D. A.　　65, 157, 216-218
Arksey, H.　　164
Azzara, C. V.　　160, 193

B

Babbie, E.　　65
Barnette, J. J.　　190
Berck, J.　　57
Bosnjak, M.　　122, 150
Brace, I.　　111
Bradburn, N. M.　　27, 40-41, 150, 153, 163
Bryman, A.　　27, 57, 77

C, D

Christian, L. M.　　57
Converse, J. M.　　163, 183
Craig, S. B.　　49
Creswell, J. W.　　19
Day, G. S.　　65, 157, 216-218
de Vaus, D.　　216, 223
Dillman, D. A.　　57, 183
Dörnyei, Z.　　156, 158, 166, 196, 210

F

Fink, A.　　57
Fowler Jr., F. J.　　77, 111

G, H, I

Galesic, M.　　*122, 150*
Gallhofer, I. N.　　*25*
Gao, Z.　　*49*
Groves, R. M.　　*15, 201*
Hewson, C.　　*51*
House, L. A.　　*49*
Iarossi, G.　　*155, 172*

J, K

Jones, M. S.　　*49*
Knight, P.　　*164*
Kohrell, J.　　*57*
Krosnick, J. A.　　*65, 210, 216*
Kumar, V.　　*65, 157, 216-218*

L

Laurent, D.　　*51*
Lavrakas, P. J.　　*65, 210, 216*
Lehtmets, D.　　*74*
Leman, J.　　*132, 162*
Leone, R. P.　　*65, 157, 216-218*

M

Mangione, T. W.　　*73, 77, 154, 163, 188*
May, T.　　*17*
Meade, A. W.　　*49*
Merriam, S. B.　　*27, 32*
Messer, B. L.　　*57*

O

Oppenheim, A. N.　　*73, 217*
Owens, R. L.　　*84*

P, R

Phelps, G.　　*57*
Pinto, R. M.　　*19*
Presser, S.　　*163, 183*
Punch, K. F.　　*27*
Russell, E. J.　　*51*

S

Sarantakos, S.　　*69*
Saris, W. E.　　*25*

Schuman, H.　　*15, 172, 201*
Schwarz, N.　　*15, 201*
Simpson, E. L.　　*27, 32*
Smith, M.　　*91*
Smyth, J. D.　　*57*
Sudman, S.　　*27, 40-41, 150, 153, 163*
Swift, K.　　*57*

T, V, W

Tortora, R.　　*57*
Visser, P. S.　　*65, 210, 216*
Vogel, C.　　*51*
Wansink, B.　　*27, 40-41, 150, 153, 163*
Weigold, A.　　*51*
Weigold, I. K.　　*51*

あ行

赤木愛和　　*4*
新　睦人　　*141, 224*
有馬昌宏　　*157, 224*
石丸径一郎　　*86-87*
岩井勇児　　*17, 188*
浦　光博　　*36*
江利川滋　　*46, 48-49*
大谷信介　　*61, 64*

か行

君嶋祐子　　*98*
小嶋外弘　　*4, 192*
小林大祐　　*41*
小松　洋　　*185*

さ行

酒井　隆　　*12, 150, 186*
佐久間勲　　*83*
左藤健二　　*64*
塩田静雄　　*198*
島崎哲彦　　*122, 129*
鈴木淳子　　*54-55, 70, 82, 88, 90, 197*

た行

田渕六郎　　*152*
辻　新六　　*157, 224*
遠山孝司　　*120*

な行
直井道子　　*163*

は行
南風原朝和　　*68*
パットン（Patton, M. Q.）　　*140, 156*
林　英夫　　*131*
原　純輔　　*66*

本多正久　　*44-49, 53, 209*

ま行
三井宏隆　　*16, 27*
村田光二　　*110*

や行
山田一成　　*68, 99, 156, 160, 172, 195, 204*

著者紹介

鈴木淳子（すずき あつこ）

1989 年	慶應義塾大学大学院社会学研究科博士課程後期課程単位取得満期退学およびハーバード大学大学院（GSAS）東アジア研究プログラム修士課程修了
	東北大学名誉教授
	元慶應義塾大学大学院教授
	博士（文学）（東北大学）
	社会心理学専攻
主要著書	『レクチャー社会心理学Ⅲ：性役割─比較文化の視点から─』（垣内出版，1997 年）
	『調査的面接の技法』［第 2 版］（ナカニシヤ出版，2005 年）
	『ジェンダーの心理学：心と行動への新しい視座　心理学の世界　専門編 5』（共著，培風館，2006 年）
	『社会心理学概説』（分担執筆，北大路書房，2007 年）
	『Gender and Career in Japan. Stratification and Inequality Series, Vol. 6.』（編著，Trans Pacific Press，2007）
	『社会化の心理学／ハンドブック』（分担執筆，川島書店，2010 年）
	『紛争・暴力・公正の心理学』（分担執筆，北大路書房，2016 年）

質問紙デザインの技法 ［第 2 版］

2016 年 7 月 20 日　第 2 版第 1 刷発行
2023 年 5 月 20 日　第 2 版第 6 刷発行

　　　　　　著　者　鈴木淳子
　　　　　　発行者　中西　良
　　　　　　発行所　株式会社ナカニシヤ出版
　　　　　　〒606-8161　京都市左京区一乗寺木ノ本町 15 番地
　　　　　　　　　　　　　Telephone　075-723-0111
　　　　　　　　　　　　　Facsimile　075-723-0095
　　　　　　　　　Website　http://www.nakanishiya.co.jp/
　　　　　　　　　Email　iihon-ippai@nakanishiya.co.jp
　　　　　　　　　　　　　郵便振替　01030-0-13128

装幀＝白沢　正／印刷＝ファインワークス／製本＝新日本製本
Copyright © 2011, 2016 by A. Suzuki
Printed in Japan.
ISBN978-4-7795-1075-5　　C3011

本書のコピー，スキャン，デジタル化等の無断複製は著作権法上の例外を除き禁じられています。本書を代行業者等の第三者に依頼してスキャンやデジタル化することはたとえ個人や家庭内での利用であっても著作権法上認められていません。

ナカニシヤ出版 ◆ 書籍のご案内

表示の価格は本体価格です。

調査的面接の技法[第2版]
鈴木淳子[著]

科学的な情報収集・分析・記述を目的とする調査的面接の技法に関する，体系的・実践的な入門書の改訂版。　2500円+税

Excelによるアンケート調査の第一歩
辻義人[著]

Excelでアンケート調査を体験！具体的な事例を通して出力結果の読み取り方を重視した初学者のための自力で実践入門テキスト　2000円+税

Rによる心理データ解析
山田剛史・村井潤一郎・杉澤武俊[著]

Rを使ってレポートや卒業論文，修士論文を書こうとしている学生・院生のために，データ解析を行う手順を具体的に紹介。　3400円+税

コミュニケーション研究のデータ解析
田崎勝也[著]

統計理論と実際のデータ解析をユーザー視点からバランスよく解説。社会調査士E科目のテキストとしても最適。多変量解析初級~中級。　3200円+税

社会科学のための文化比較の方法
等価性とDIF分析　田崎勝也[著]

分散分析，共分散構造分析，項目反応理論を駆使した，調査・質問項目に潜むバイアスを検証するDIF分析のためのガイドブック。　2500円+税

最強の社会調査入門
これから質的調査をはじめる人のために　前田拓也・秋谷直矩・朴沙羅・木下衆[編]

「聞いてみる」「やってみる」「行ってみる」「読んでみる」ことから始まる社会調査の極意。面白くてマネしたくなる最強の社会調査入門。　2300円+税

社会調査のための計量テキスト分析[第2版]
内容分析の継承と発展を目指して　樋口耕一[著]

書簡や小説，メディアが発する記事など文書一般に表れる心理や実相の内容分析を質・量ともに実現する手法の解説と解析事例を紹介。KH Coder3に対応した第2版。　2800円+税

基礎から分かる会話コミュニケーションの分析法
高梨克也[著]

さまざまな会話コミュニケーションを明示的な方法論で観察し，理論的かつ体系的に説明しようとする人のための入門書。会話データの分析を始めようとしている言語学や心理学，社会学などの分野の初学者必携の一冊。　2400円+税